Grundriß
des
gesamten deutschen Rechtes
in Einzelausgaben
von
Paul Posener.

---

12. Band.

Verwaltungsrecht.

Zweite und dritte Auflage.

Berlin 1909.
J. Guttentag, Verlagsbuchhandlung,
G. m. b. H.

A. W. Hayn's Erben, Potsdam.

Inhaltsverzeichnis.

1. Abteilung.

Reichsverwaltungsrecht.

Seite

§ 1. Organe der Reichsverwaltung 1
§ 2. Die Reichsbehörden 1

1. Kapitel.

Die Reichsämter.

§ 3. Der Reichskanzler 2
§ 4. Die Reichsämter 3
§ 5. Die Finanzbehörden des Reiches 4
§ 6. Die richterlichen Reichsbehörden 5

2. Kapitel.

Die Reichsverwaltung im allgemeinen.

§ 7. Die auswärtige Verwaltung 6
§ 8. Die Heeresverwaltung 6
§ 9. Die Kriegsmarine 7

3. Kapitel.

Die Reichsfinanzen.

§ 10. Die Finanzverwaltung 8
§ 11. Der Reichshaushaltsetat 8
§ 12. Das Reichsvermögen 8
§ 13. Die Ausgaben des Reiches 9
§ 14. Die Zölle 10
§ 15. Die einzelnen Verbrauchssteuern 11
§ 16. Die Reichsstempelabgaben 12
§ 17. Die Erbschaftssteuer 13

Anhang.

§ 18. Die Verwaltungsorganisation der Reichslande 13

2. Abteilung.

Preußisches Verwaltungsrecht.

1. Kapitel.

Die Staatsverwaltung.

Seite

§ 19. Die einzelnen Ministerien 14
§ 20. Die Stellung der Minister 14
§ 21. Das Staatsministerium 15
§ 22. Das Geheime Kabinett 15
§ 23. Der Staatsrat 15
§ 24. Die Provinzialbehörden 16
§ 25. Die Bezirksbehörden. 17
§ 26. Die Kreisbehörden 18
§ 27. Die Amtsbezirke 19

2. Kapitel.

Die Kommunalverwaltung.

§ 28. Die Stadtgemeinden 20
§ 29. Die Landgemeinden 23
§ 30. Die Gutsbezirke 24
§ 31. Die Kreise 24
§ 32. Die Provinzen 25

3. Kapitel.

Die innere Verwaltung.

§ 33. Die allgemeine Landesverwaltung 26
§ 34. Die Organisation der Polizei 29
§ 35. Die Finanzen 31
§ 36. Die Verwaltungsgerichtsbarkeit 32

Abkürzungen.

A = Anfechtungsgesetz.
Abs = Absatz.
ALR = allgemeines Landrecht (Preußen).
Ausf- = Ausführungsgesetz zu . . . . .
B = Bürgerliches Gesetzbuch.
Bn = Binnenschiffahrtsgesetz.
Band = Band des Grundrisses.
C = Strafprozeßordnung.
Cod = Codex.
D = Digesten.
E = Eisenbahnverkehrsordnung.
Einf- = Einführungsgesetz zu . . . . .
F = Reichsgesetz über freiwillige Gerichtsbarkeit.
Fl = Flößereigesetz.
G = Gerichtsverfassungsgesetz.
Gb = Ges. betr. die Gesellschaften mit beschränkter Haftung.
Gn = Genossenschaftsgesetz.
Gr = Grundbuchordnung.
Gw = Gewerbeordnung.
H = Handelsgesetzbuch.
J = Institutionen.
JRA = Jüngster Reichsabschied.
K = Konkursordnung.
KG = Entsch. des Kammergerichtes.
MC = Militärstrafgerichtsordnung.
MS = Militärstrafgesetzbuch.
Nr. = Nummer.
P = Patentgesetz.
Po = Postgesetz.
pr = preußisch.
R = Reichsverfassung.
RG = Entscheidungen des Reichsgerichtes.
RMG = Entscheidungen des Reichsmilitärgerichtes.
ROLG = Rechtsprechung der Oberlandesgerichte.
S = Strafgesetzbuch.
SC = senatus consultum.

sc. = saeculum.
Ssp = Sachsenspiegel.
Swsp = Schwabenspiegel.
U = Urheberrechtsgesetz.
V = Verfassung.
Vl = Verlagsgesetz.
Vv = Versicherungsvertragsgesetz.
vgl. = vergleiche.
W = Wechselordnung.
w. o. = weiter oben.
w. u. = weiter unten.
Z = Zivilprozeßordnung.
Zg = Zwangsversteigerungsgesetz.

Anfragen und Berichtigungen werden an die Adresse der Verlagsbuchhandlung oder direkt an den Verfasser Assessor Dr. iur. Paul Posener in Charlottenburg 2, Bleibtreustraße 18, erbeten.

1. Abteilung.

Reichsverwaltungsrecht.

Literatur. Ausser den in Band **11** angeführten Werken, welche neben dem Staatsrechte auch Verwaltungsrecht behandeln, sind zu nennen: Georg Meyer Verwaltungsrecht, 2. Aufl., 2 Bde., 94: — Otto Mayer Lehrbuch; — dasselbe von Edgar Loening; — v. Stein; — von Stengel Wörterbuch des deutschen Verwaltungsrechts; — v. Bitter Handwörterbnch der preussischen Verwaltung; — Adolf Arndt bei Birkmeyer S. 845ff.; — Ernst von Meier bei Holtzendorff Bd. II, S. 639ff.; — Hue de Grais Handbuch der Verfassung und Verwaltung, 18. Auflage, 1907; — von Brauchitsch Verwaltungsgesetze.

§ 1. **Die obersten Organe der Reichsverwaltung** sind der Kaiser und der Bundesrat.

I. Dem Kaiser stehen umfangreiche Verwaltungsbefugnisse zu; so sind ihm namentlich die Reichsämter und Reichsbehörden unterstellt.

Insbesondere kann der Kaiser den Belagerungszustand verhängen, d. h. einen Ausnahmezustand, wenn die öffentliche Sicherheit im Bundesgebiete bedroht ist, R 68 (Kriegszustand). Massgebend für Voraussetzungen, Form der Verkündigung und Wirkungen einer solchen Erklärung soll ein zu erlassendes Reichsgesetz sein; bis dahin gilt, auch für das Reich, das preussische Gesetz vom 4. Juni 1851

Innerhalb des Deutschen Reiches bestehen daher zwei Möglichkeiten:
1. Der Kaiser kann Teile des Bundesgebietes in Kriegszustand erklären.
2. Der Landesherr eines Einzelstaates kann den Belagerungszustand verhängen. Dieses Recht der Einzelstaaten ist ein Hoheitsrecht, dessen Bedeutung, als ausserordentliche Garantie der Bewährung der Ordnung, den Einzelstaaten unbedingt verbleiben muss.

Der Beginn und das Ende des Belagerungszustandes wird durch Trommelschlag, Bekanntmachung, Verlesung der Aufruhrakte u. a. kenntlich gemacht. Während des Belagerungszustandes herrscht Militärgerichtsbarkeit.

II. Der Bundesrat übt die Aufsicht des Reiches über die Einzelstaaten in bezug auf die Durchführung der Reichsgesetze aus. Im übrigen stehen dem Bundesrate alle Verwaltungsbefugnisse zu, die nicht einem anderen Organe zugewiesen sind.

§ 2. **Reichsbehörde** ist eine Behörde, welche vom Reiche zur Wahrnehmung und Durchführung der dem Reiche zustehenden Obliegenheiten eingesetzt wird.

I. Die Einsetzung einer Reichsbehörde erfolgt auf Grund eines Reichsgesetzes oder einer Verordnung; handelt es sich um die Einrichtung eines besoldeten Amtes, so ist die etatsrechtliche Zustimmung des Reichstages erforderlich.

II. Die Reichsbehörden sind im allgemeinen Zentralbehörden, da das Reich regelmäßig nur für die Gesetzgebung und die Beaufsichtigung zuständig ist.

Nur in denjenigen Fällen, in denen das Reich die Verwaltung selbst wahrnimmt, z. B. bei Post und Telegraphie, bestehen Mittel- und Unterbehörden des Reiches.

III. Die Reichsbeamten können mittelbar oder unmittelbar im Reichsdienste tätig sein; siehe Band 11.

1. Unmittelbare Reichsbeamte sind diejenigen, welche vom Kaiser oder in dessen Auftrage durch eine Reichsbehörde angestellt sind.

2. Mittelbar sind solche Beamte des Reichsdienstes, die von einem Einzelstaate angestellt sind, z. B. die niederen Postbeamten, ferner die Reichsbevollmächtigten zur Kontrolle der indirekten Steuern.

Ueber die Stellung der Beamten siehe Band 29.

1. Kapitel.

Die Reichsämter.

§ 3. **Der Reichskanzler** ist an die Spitze der Reichsverwaltung gestellt.

Das Bundeskanzleramt ist 1867 als eine einheitliche Behörde mit drei Abteilungen: Zentralabteilung, Generalpostamt, Generaltelegraphenamt, eingerichtet worden. Seit 1871 besteht das Reichskanzleramt; später sind einzelne Ressorts abgezweigt worden.

I. Der Reichskanzler nimmt eine dreifache Stellung ein.

1. Er ist Vorsitzender des Bundesrates.
2. Er ist der einzige verantwortliche Minister des Kaisers.
3. Er ist oberster Beamter der Reichsverwaltung.

Die Reichskanzlei ist ein Organ des Reichskanzlers, welches ihn in der Erledigung seiner Anordnungen zu unterstützen hat.

II. Die Reichsverwaltung untersteht grundsätzlich in allen Ressorts dem Reichskanzler. Grundsätzlich ist zu allen Regierungsakten des Kaisers die Gegenzeichnung des Reichskanzlers erforderlich.

Durch das Stellvertretungsgesetz vom 17. März 1878 kann der Kaiser dem Reichskanzler auf dessen Antrag eine Vertretung bestellen, und zwar:

1. für alle Geschäfte (mit Ausnahme der Aufsicht über die Einzelstaaten), sog. Vizekanzler;
2. für bestimmte Ressorts einen besonderen Stellvertreter.

Trotz der Stellvertretung kann der Reichskanzler persönlich jede Amtshandlung aus dem Zuständigkeitsbereiche der Vertreter wahrnehmen.

III. In seiner Stellung als Reichsminister hat der Reichskanzler den Weisungen des Kaisers zu folgen.

§ 4. **Reichsämter** werden die Zentralbehörden der Reichsverwaltung genannt, deren Chefs (Staatssekretäre) mit der Vertretung des Kanzlers betraut sind.

I. Das Reichsamt des Innern ist seit 1879 unter dem Staatssekretär des Innern für die gesamte innere Verwaltung zuständig, soweit nicht ausdrücklich eine andere Behörde für zuständig erklärt worden ist.

Das Reichsamt ist in Abteilungen, nämlich eine Zentralabteilung und Abteilungen für wirtschaftliche Angelegenheiten, eingeteilt.

Unter dem Staatssekretär sind ein Unterstaatssekretär und drei Direktoren tätig, die an der Spitze der gegenwärtig vier Abteilungen stehen.

Vom Reichsamte des Innern ressortieren die Zentraldirektion der Monumenta Germaniae historica, die Reichsschulkommission, die Reichskommissare für das Auswanderungswesen, die technische Kommission für Seeschiffahrt, der Börsenausschuss, das Bundesamt für das Heimatswesen, das Schiffsvermessungsamt, das Oberseeamt, das Statistische Amt, die Normalaichungskommission, das Gesundheitsamt, das Patentamt, das Reichsversicherungsamt, die physikalisch-technische Reichsanstalt, das Kanalamt in Kiel, das Aufsichtsamt für Privatversicherung, die Biologische Anstalt für Land- und Forstwirtschaft.

Die Auswanderung unterliegt der Kompetenz des Reiches, R 4, Nr. 1. Gemäß dem Reichsgesetze vom 9. Juni 1897 werden Unternehmungen, welche Deutschen zur Auswanderung nach fremden Ländern behilflich sind, nur für bestimmte fremde Länder konzessioniert (Spezialisierungsprinzip). Die Konzession erteilt der Reichskanzler unter Zustimmung des Bundesrates. Auswanderungsagenten bedürfen der Erlaubnis des Regierungspräsidenten. — Aufsichtsorgane des Reiches über die Abwickelung der Auswanderung sind die Reichskommissare in Hamburg und Bremen.

Aufsichtsamt für Privatversicherung ist eine durch das Reichsgesetz vom 12. Mai 1901 eingesetzte Behörde unter einem Präsidenten, deren Aufgabe es ist, die privaten Versicherungsgesellschaften von Staatswegen zu kontrollieren.

II. Das Auswärtige Amt, unter dem Staatssekretär des Auswärtigen, hat drei Abteilungen:

1. die politische, zugleich für Personalangelegenheiten und Generalien;
2. die handelspolitische für Handel und Verkehr, Konsulatswesen und Auswanderungswesen;
3. die Rechtsabteilung.

Unter dem Auswärtigen Amte stehen die Gesandtschaften und Konsulate, die archäologischen Institute in Rom und Athen, die Prüfungskommission für das diplomatische Examen.

III. Das Reichsmarineamt, unter dem Staatssekretär, ist für alle Angelegenheiten zuständig, welche die Einrichtung, Erhaltung und Entwickelung der Marine betreffen.

Unter dem Reichsmarineamte stehen mehrere Behörden, z. B. die Marinedepotinspektion, die Seewarte in Hamburg, die Werften in Kiel, Wilhelmshaven, Danzig, die Intendanturen sowie das Gouvernement von Kiautschou, vgl. Band II.

IV. Das Reichsjustizamt, unter dem Staatssekretär, zur Vorbereitung der Reichsjustizgesetzgebung und Beaufsichtigung ihrer Ausführung in den Einzelstaaten.

Darunter: das Reichsgericht und die Reichsanwaltschaft.

V. Das Reichspostamt, unter dem Staatssekretär (Generalpostmeister), in vier Abteilungen, nämlich: a) Post, b) Telegraph, c) gemeinsame Verwaltung, d) Personalien und Etat.

Darunter: 41 Oberpostdirektionen und die Reichsdruckerei.

Bayern und Württemberg sind der Reichspostverwaltung nicht unterstellt; vgl. Band II.

VI. Das Reichsschatzamt, unter dem Reichsschatzsekretär, in zwei Abteilungen: a) Etat, Reichsschulden, Reichspapiergeld, Münzwesen; b) Zölle, indirekte Steuern.

Vom Reichsschatzamte ressortieren: die Reichshauptkasse, die Verwaltung des Reichskriegsschatzes, die Reichsbevollmächtigten und die Stationskontrolleure für die Kontrolle der Zölle und Verbrauchssteuern, das Münzmetalldepot, die Reichsrayonkommission, die Reichsschuldenverwaltung.

VII. Das Reichsamt für die Verwaltung der Reichseisenbahnen in Elsaß-Lothringen und Luxemburg, unter dem preußischen Minister der öffentlichen Arbeiten.

Darunter: die Generaldirektion der Eisenbahnen in Elsass-Lothringen.

VIII. Das Reichseisenbahnamt, unter einem Präsidenten, zur Aufsicht darüber, daß die Eisenbahnverwaltungen der Einzelstaaten die reichsgesetzlichen Vorschriften befolgen.

IX. Das Reichskolonialamt, unter dem Staatssekretär, zur Verwaltung der Schutzgebiete; es ist für die Angelegenheiten der Schutztruppe zuständig, sowie für die Angelegenheiten der kolonialen Gesetzgebung, das Schul- und Münzwesen in den Kolonieen, den Bau von Eisenbahnen, die Anlegung von Wegen sowie die gesamte wirtschaftliche und kulturelle Entwickelung der Schutzgebiete, endlich für die Anstellung der Beamten.

§ 5. **Finanzbehörden des Reiches** sind die Reichsbankbehörden und die selbständigen Reichsfinanzbehörden.

I. Als Reichsbankbehörden fungieren zwei Behörden:

1. Das Reichsbankdirektorium, bestehend aus einem Präsidenten, einem Vizepräsidenten und mehreren Mitgliedern; es leitet die Bank und regelt den Geldumlauf.

2. Das Reichsbankkuratorium, bestehend aus dem Reichskanzler und vier Mitgliedern (1 vom Kaiser, 3 vom Bundesrate ernannt), hat die Beaufsichtigung der Bankverwaltung.

II. Als selbständige Reichsfinanzbehörden werden folgende vier Behörden bezeichnet:

1. Die Reichsschuldenverwaltung ist dem Reichskanzler unterstellt und zuständig für die Geschäfte der Verwaltung der Reichsschulden. Das Amt wird von der preußischen Hauptverwaltung der Staatsschulden ausgeübt.

Der Reichsschuldenverwaltung steht die Ausfertigung der Reichskassenscheine und die Führung des Reichsschuldbuches zu; vgl. Band 7.

2. Die Verwaltung des Reichsinvalidenfonds ist einer viergliederigen Behörde unterstellt; den Vorsitzenden ernennt der Kaiser, die drei Beisitzer wählt der Bundesrat. Sie ist für die Anlage und Verwaltung des Invalidenfonds zuständig.

3. Die Reichsschuldenkommission besteht aus je 6 Mitgliedern des Bundesrates und des Reichstages und dem Präsidenten des Rechnungshofes des Deutschen Reiches; den Vorsitz führt der Vorsitzende des Rechnungsausschusses des Bundesrates.

Sie hat die Reichsschuldenverwaltung zu beaufsichtigen, den Banknotenverkehr und die Ausgabe von Reichskassenscheinen zu kontrollieren und über die Verwaltung des aktiven Reichsvermögens zu wachen.

4. Der Rechnungshof des Deutschen Reiches prüft die vor den Reichstag gebrachten Rechnungen der Reichsverwaltung. Er ist mit der preußischen Oberrechnungskammer verbunden, ist aber in seiner Tätigkeit von dieser vollständig geschieden.

Ein ständiger Rechnungshof existiert nicht, um das Budgetrecht des Reichstages nicht einzuschränken.

§ 6. Die richterlichen Reichsbehörden sind zwar dienstlich den obersten Reichsbehörden unterstellt, genießen aber in bezug auf Entscheidungen vollständige richterliche Unabhängigkeit.

I. Reichsjustizgerichte sind: das Reichsgericht, die Reichskonsulargerichte, die Gerichte in den Schutzgebieten, das Reichsmilitärgericht.

II. Disziplinargerichte des Reiches sind:

1. Die Disziplinarkammern zur Entscheidung über Dienstvergehen von Reichsbeamten.

Ausgenommen von der Zuständigkeit der Disziplinarkammern sind die Mitglieder des Reichsgerichts, des Bundesamtes für das Heimatswesen, des Rechnungshofes.

Für die militärischen Beamten bestehen an Stelle der Disziplinarkammern folgende Behörden: besondere Disziplinarkammern für die richterlichen Militärjustizbeamten und ferner Disziplinarkommissionen für solche Militärbeamte, die ausschliesslich unter Militärbefehlshabern stehen.

Für die Schutzgebiete ist eine besondere Disziplinarkammer in Berlin eingesetzt worden.

2. Der Disziplinarhof in Leipzig ist in zweiter und letzter Instanz für alle Disziplinarsachen zuständig, die in erster Instanz vor die Disziplinarkammern und Disziplinarkommissionen gehören.

Der Disziplinarhof für die richterlichen Militärjustizbeamten in Berlin ist erste Instanz für die juristischen Mitglieder des Reichsmilitärgerichts, zweite Instanz in denjenigen Sachen, die in erster Instanz von den Disziplinarkammern für die richterlichen Militärjustizbeamten entschieden worden sind.

Die Disziplinargerichtsbarkeit über die Mitglieder des Reichsgerichtes und des Bundesamtes für das Heimatswesen wird vom Plenum dieser Behörden ausgeübt.

3. Bei den Rechtsanwälten ist erste Instanz der Vorstand der

Anwaltskammer als Ehrengericht, zweite Instanz der Ehrengerichtshof der Rechtsanwälte, welcher am Reichsgerichte gebildet wird.

III. Verwaltungsgerichte des Reiches sind:

1. Das Bundesamt für das Heimatswesen für die Streitigkeiten der Landarmenverbände verschiedener Einzelstaaten; siehe Band 11.

2. Das verstärkte Reichseisenbahnamt besteht aus dem Reichseisenbahnamte und zwei vom Kaiser ernannten richterlichen Mitgliedern.

Zuständig ist es zur Entscheidung über die rechtliche Begründung der Verfügungen des Reichseisenbahnamtes.

3. Die Reichsrayonkommission besteht aus einem Vorsitzenden und vier militärischen Mitgliedern; sie werden sämtlich vom Kaiser ernannt.

Zuständig ist es für endgültige Entscheidungen bei Rekursen gegen Rayonentscheidungen von Festungskommandanten.

4. Das Oberseeamt. Der Kaiser ernennt den rechtskundigen Vorsitzenden; dieser beruft für jeden Fall fünf Beisitzer aus den sechs von den Seeuferstaaten präsentierten Personen; mindestens 3 von diesen 6 müssen schiffahrtskundig sein.

Zuständig ist es für die Rekurse gegen Beschlüsse der Seeämter.

5. Das Patentamt, vgl. Band 28.

6. Das Reichsversicherungsamt für die Rekurse gegen die Entscheidungen der Schiedsgerichte der Arbeiterversicherung.

7. Das Aufsichtsamt für Privatversicherung auf Grund des Reichsgesetzes vom 12. Mai 1901; siehe w. o. S. 3.

2. Kapitel.

Die Reichsverwaltung im allgemeinen.

§ 7. Die auswärtige Verwaltung des Reiches untersteht dem Reichskanzler bzw. dem Auswärtigen Amte.

I. Für die Aufgaben der hohen Politik fungieren die Gesandtschaften des Reiches.

Auch die Einzelstaaten üben das aktive und das passive Gesandtschaftsrecht aus.

II. Die wirtschaftlichen Angelegenheiten, daneben auch gewisse Rechtsangelegenheiten, werden von den Reichskonsuln wahrgenommen.

Konsulate der Einzelstaaten bestehen ausserhalb des Deutschen Reiches nicht, wohl aber Landeskonsulate innerhalb des Reiches. Fremde Staaten haben Konsulate bei den Einzelstaaten.

§ 8. Die Heeresverwaltung ist nicht eine einheitliche Reichsangelegenheit. In Friedenszeiten besteht kein Reichsheer, denn Bayern, Württemberg, Sachsen haben selbständige Kontingente; die übrigen Staaten haben mit Preußen Militärkonventionen abgeschlossen. Das Heer ist ein Kontingentsheer.

I. Im Kriege hat der Kaiser den Oberbefehl über alle Truppen; in Friedenszeiten steht ihm allgemein das Besichtigungsrecht zu; in einzelnen Staaten sind ihm größere Rechte eingeräumt; vgl. Band 11.

II. Das Reich hat die ausschließliche Gesetzgebung über das Militärwesen. Die Kosten der gesamten Truppenmächte werden aus Reichsmitteln bestritten. Die Friedensstärke wird periodisch durch Reichsgesetz festgelegt.

Die Einrichtung des Heeres, die Ausbildung und Bewaffnung sind einheitlich geregelt; nur für Bayern bestehen gewisse Vorbehalte.

III. Die allgemeine Wehrpflicht ist im Reiche vollständig durchgeführt; eine Befreiung besteht nur für den hohen Adel und für die katholischen Geistlichen, welche die Weihe zum Subdiakon empfangen haben; vgl. Band 14.

1. Das Heer ist auf dem Kadersystem aufgebaut.

2. Friedenspräsenzstärke ist ursprünglich das Maximum, seit dem Reichsgesetze vom 3. August 1893 die jährliche Durchschnittsstärke des Heeres.

Wird die Friedenspräsenzstärke auf eine Reihe von Jahren festgestellt, so spricht man von Quinquennat (5 Jahre), Septennat (7 Jahre). — Seit dem Reichsgesetze vom 15. April 1905 ist ein Endtermin überhaupt nicht bestimmt worden; die Friedenspräsenzstärke ist vielmehr auf die Weise festgelegt, dass sie, ohne Einrechnung der Einjährig-Freiwilligen, allmählich auf 505 839 erhöht werden soll.

§ 9. **Die Kriegsmarine** ist ausschließlich Reichssache; Bestand, Ersatz und Indiensthaltung erfolgen kraft reichsgesetzlicher Bestimmung.

I. Das Gesetz, betreffend die deutsche Flotte, vom 14. Juni 1900 nebst Novelle vom 5. Juni 1906 bestimmt folgendes:

1. Die Schlachtflotte besteht aus 2 Flottenflaggschiffen, aus 4 Geschwadern von je 8 Linienschiffen, aus 8 großen Kreuzern und 24 kleinen Kreuzern.

2. Die Auslandsflotte besteht aus 8 großen Kreuzern und 10 kleinen Kreuzern.

3. Die Materialreserve besteht aus 4 Linienschiffen, 4 großen Kreuzern und 4 kleinen Kreuzern.

Es sollen, abgesehen von Schiffsverlust, ersetzt werden:
1. Linienschiffe und grosse Kreuzer nach 20 Jahren,
2. kleine Kreuzer nach 15 Jahren.
Es besteht also Aeternat.

II. Oberbefehlshaber der Kriegsmarine ist der Kaiser: er bestimmt die Einrichtung und die Zusammensetzung der Flotte; er ernennt die Offiziere und die Beamten.

Ueber die Indiensthaltung bestimmt das Flottengesetz vom 14. Juni 1900:

1. Die Hochseeflotte (früher: aktive Schlachtflotte) besteht aus dem 1. und 2. Geschwader und wird dauernd in Dienst gehalten.

2. Die Reserveflotte (früher: Reserveschlachtflotte) besteht aus dem 3. und 4. Geschwader; die Hälfte der Reserveflotte wird dauernd in Dienst gehalten.

Die Indienststellung ordnet der Kaiser an.

3. Kapitel.

Die Reichsfinanzen.

§ 10. Die Finanzverwaltung befaßt sich mit den Einnahmen und Ausgaben des Reiches. Damit eine ordnungsmäßige Wirtschaft besteht, wird schon vorher der Etat oder Voranschlag festgestellt, d. h. es werden die mutmaßlichen Beträge der Einnahmen und Ausgaben zueinander ins Verhältnis gebracht und verteilt.

I. Die Ausgaben sind teilweise fest bestimmt.

II. Die Einnahmen können durch Erhebung von noch größeren Steuern jederzeit vermehrt werden; vgl. Band 27.

§ 11. Der Reichshaushaltsetat wird alljährlich als Anlage zum Etatsgesetze publiziert. Das Rechnungsjahr läuft vom 1. April bis zum 31. März.

I. Der Etat enthält die reinen Ausgaben und Einnahmen.

II. Die Ausgaben werden im Voranschlage in fortdauernde und einmalige eingeteilt; die einmaligen zerfallen in ordentliche und außerordentliche.

III. Der Etat des Deutschen Reiches hat folgendes Schema:

I. A. Fortdauernde Ausgaben:

1. Reichstag, Reichskanzler, Auswärtiges Amt, Reichsamt des Innern und Reichseisenbahnamt, Reichsjustizverwaltung.
2. Reichsschatzamt und Rechnungshof, Reichsschuld.
3. Reichsheer, Marine.
4. Allgemeiner Pensionsfonds.
5. Reichsinvalidenfonds.

I. B. Einmalige Ausgaben, und zwar in zwei Teilen: ordentlicher und außerordentlicher Etat.

II. Einnahmen:

1. Zölle und Verbrauchssteuern, Reichsstempelabgaben.
2. Verwaltungen, und zwar: Post und Telegraphie, Reichseisenbahn, Reichsdruckerei usw.
3. Matrikularbeiträge.
4. Kaufgelder und Ueberschüsse des Vorjahres, Ausgleichsbeträge.
5. Reichsinvalidenfonds
6. Ausserordentliche Deckungsmittel.

§ 12. Das Reichsvermögen ist Finanzvermögen und Verwaltungsvermögen.

I. Finanzvermögen ist das werbende Vermögen des Reiches, welches auf Grund zufälliger Ereignisse erworben worden ist, ohne daß dies aus Gründen des Staatszweckes erforderlich war. Zum Finanzvermögen des Reiches gehören:

1. Die Reichseisenbahnen in Elsaß-Lothringen, welche das Reich für 325 Millionen Franks erworben hat.

2. Der Kriegsschatz im Juliusturm in Spandau, im Betrage von 120 Millionen Mark, für die Zwecke einer Mobilmachung.

3. Der Reichsinvalidenfonds, im Betrage von 561 Millionen Mark, der zunächst für Militärpensionen, später für andere Zahlungen verwendet wurde.

4. Die gewerblichen Betriebe des Reiches, so die Posten und Telegraphen, die Reichsdruckerei, der Deutsche Reichs- und preußische Staatsanzeiger, der Anteil des Reiches am Reingewinn der Reichsbank.

5. Die Betriebsfonds für einzelne Verwaltungen und Anlagen von Kapitalien.

II. Verwaltungsvermögen des Reiches ist die Gesamtheit der vermögenswerten Gegenstände, deren das Reich zur Erfüllung staatlicher Zwecke bedarf.

Massgebend ist das Reichseigentumsgesetz, d. i. das Gesetz über die Rechtsverhältnisse der zum dienstlichen Gebrauche einer Reichsverwaltung bestimmten Gegenstände vom 25. Mai 1873.

§ 13. Die Ausgaben des Reiches beziehen sich auf das Finanz- oder auf das Verwaltungsvermögen.

I. Finanzschulden darf das Reich grundsätzlich nur auf Grund besonderer reichsgesetzlicher Ermächtigung aufnehmen.

II. Verwaltungsschulden entstehen an sich durch die laufende Verwaltung und ferner dadurch, daß gesetzlich dem Reiche Verpflichtungen zu vermögensrechtlichen Leistungen, z. B. zur Zahlung von Pensionen, auferlegt werden. Daher ist grundsätzlich eine besondere gesetzliche Ermächtigung zur Begründung von Verwaltungsschulden nicht erforderlich.

III. Gemäß R 73 kann in Fällen eines außerordentlichen Bedürfnisses im Wege der Reichsgesetzgebung die Aufnahme einer Anleihe sowie die Uebernahme einer Garantie zu Lasten des Reiches erfolgen, z. B. Anleihen, Schatzanweisungen.

IV. Die näheren Bestimmungen über die Deckung der Ausgaben gibt R 70 in der Fassung des Reichsgesetzes vom 14. Mai 1904.

1. Zur Bestreitung aller gemeinschaftlichen Ausgaben dienen zunächst die aus den Zöllen und gemeinsamen Steuern, aus dem Eisenbahn-, Post- und Telegraphenwesen sowie aus den übrigen Verwaltungszweigen fließenden gemeinschaftlichen Einnahmen.

2. Insoweit die Ausgaben durch diese Einnahmen nicht gedeckt werden, sind sie durch Beiträge der Einzelstaaten (Matrikularbeiträge) nach Maßgabe ihrer Bevölkerung aufzubringen, welche in Höhe des budgetmäßigen Betrages durch den Reichskanzler ausgeschrieben werden. Insoweit diese Beiträge in den Ueberweisungen keine Deckung finden, sind sie den Einzelstaaten am Jahresschlusse in dem Maße zu erstatten, als die übrigen ordentlichen Einnahmen des Reiches dessen Bedarf übersteigen.

1. Die Franckensteinsche Klausel, Reichsgesetz vom 15. Juli 1879, § 8 hat zunächst bestimmt, dass derjenige Ertrag der Zölle und der Tabaksteuer, welcher die Summe von 130 Millionen Mark in einem Jahre übersteigt, den Einzelstaaten nach Massgabe der Bevölkerung, mit welcher sie zu den

Matrikularbeiträgen herangezogen werden, zu überweisen sind; — hierzu Reichsgesetz vom 24. Mai 1885.

Auch der Ertrag der Reichsstempelabgaben ist durch das Gesetz vom 1. Juli 1881 den Einzelstaaten überwiesen worden.

Die Verbrauchsabgabe von Branntwein und die Brennsteuer sind durch Gesetze von 1887 und 1892 den Einzelstaaten überwiesen worden.

2. Durch das Reichsgesetz vom 14. Mai 1904 ist die Ueberweisung von Einnahmen aus den Zöllen und aus der Tabaksteuer aufgehoben worden.

3. Das Reichsgesetz vom 3. Juni 1906 bestimmt, dass, soweit die Matrikularbeiträge in einem Rechnungsjahre den Sollbetrag der Ueberweisungen mit mehr als 40 Pfennig für den Kopf der Bevölkerung übersteigen, die Erhebung des Mehrbetrages für dieses Rechnungsjahr ausgesetzt werden soll. Ergibt sich mehr als 40 Pfennig, so haben die Einzelstaaten den etatsgesetzlich festgesetzten, zur Deckung erforderlichen Betrag nachzuzahlen; aber die Erhebung dieses Betrages erfolgt erst im Juli des drittfolgenden Rechnungsjahres.

Demnach sind Ueberweisungssteuern: die Maischbottichsteuer, die Branntweinmaterialsteuer, ferner diejenigen Stempelabgaben, welche im Stempelsteuertarif unter Nr. 1 bis 5 angeführt sind.

3. Etwaige Ueberschüsse aus den Vorjahren dienen, insoweit durch das Etatsgesetz nichts anderes bestimmt wird, zur Deckung gemeinschaftlicher außerordentlicher Ausgaben.

V. Das Gesetz betr. Änderung im Finanzwesen vom 15. Juli 1909 bestimmt, daß die nicht erhobenen Matrikularbeiträge der Einzelstaaten sowie die Fehlbeträge für 1907 und 1908 auf Anleihe zu übernehmen sind. — Für die Tilgung der Reichsanleiheschuld ist vom 1. April 1911 ab (soweit es sich nicht um werbende Anleihen handelt) 1% des Schuldkapitals unter Zurechnung der ersparten Zinsen zu verwenden.

Ferner sind folgende Grundsätze festgestellt:

1. Vom Rohertrage der Erbschaftssteuer (w. u. § 17) erhält das Reich $^3/_4$, den Einzelstaaten verbleibt $^1/_4$.

2. Die Reineinnahme der Branntweinsteuer (w. u. § 15) wird den Einzelstaaten überwiesen.

3. Die Unfallversicherungsvorschüsse werden beseitigt. Die Post erhält von jedem Träger der Unfallversicherung einen Betriebsfonds.

4. Der Zoll auf Kaffee (roh 60 Mk., gebrannt 85 Mk.) und Tee (100 Mk für den Doppelzentner) wird erhöht.

5. Beleuchtungsmittel werden besteuert (Verpackungszwang); ebenso wird eine Zündwarensteuer eingeführt.

6. Der Zeitpunkt der Herabsetzung der Zuckersteuer (Gesetz vom 19. Febr. 1908) wird auf den 1. April 1914 festgesetzt (siehe w. u. § 15).

§ 14. Die Zölle und Verbrauchsteuern des Reiches haben sich aus den Institutionen des Zollvereines entwickelt, und zwar auf Grund des Zollvereinigungsvertrages vom 8. Juli 1867.

I. Deutschland bildet gemäß R 33 ein Zoll- und Handelsgebiet, umgeben von gemeinschaftlicher Zollgrenze.

1. Ausgeschlossen bleiben die wegen ihrer Lage zur Einschließung in die Zollgrenze nicht geeigneten einzelnen Gebietsteile.

Zollannexe sind Gebietsteile fremder Staaten, welche dem deutschen Zollgebiete angeschlossen sind, so Luxemburg, zu Preussen gehörig, ferner die österreichischen Gemeinden Jungholz und Mittelberg, zu Bayern gehörig.

Zollexklaven sind deutsche Gebietsteile, welche aus dem deutschen Zollgebiete ausgeschlossen sind, so einzelne Teile der badischen Kreise Konstanz und Waldshut, die Hafenanlagen bei Geestemünde nebst der Schiffsbevölkerung, die Insel Helgoland, ein Teil des Emdener Aussenhafens.

2. Die Hansestädte Bremen und Hamburg sollen gemäß R 34 mit einem dem Zwecke entsprechenden Bezirke ihres oder des umliegenden Gebietes außerhalb der gemeinschaftlichen Zollgrenze bleiben, bis sie ihren Einschluß beantragen.

Seit dem 15. Oktober 1888 sind Hamburg und Bremen dem Zollgebiete grösstenteils angeschlossen worden; ausgenommen sind das Freihafengebiet bei Hamburg, die Hafenanlagen von Bremerhaven und der Freibezirk am rechten Weserufer bei Bremen.

2. Das Reich hat gemäß R 35 ausschließlich die Zollgesetzgebung sowie die Steuergesetzgebung über Salz, Tabak, Branntwein, Bier, Zucker und Sirup.

Bayern, Württemberg und Baden haben Reservate bzgl. Bier- und Branntweinsteuer; vgl. Band II.

II. Die Erhebung und Verwaltung der Zölle und Verbrauchssteuern bleibt gemäß R 36 jedem Einzelstaate, soweit er sie bisher ausgeübt hat, innerhalb seines Gebietes überlassen.

§ 15. Die einzelnen Verbrauchssteuern des Reiches sind folgende:

I. die Salzsteuer auf Grund der Uebereinkunft vom 8. Mai 1867;

II. die Zuckersteuer auf Grund des Zuckersteuergesetzes vom 27. Mai 1896 und des Reichsgesetzes vom 6. Januar 1903.

Auf Grund der Brüsseler Zuckerkonvention vom 5. März 1902 sind die direkten und indirekten Exportprämien aufgehoben worden. Die Signatarmächte haben sich verpflichtet, keine Zuckerprämien einzuführen.

III. die Tabaksteuer nach dem Reichsgesetz vom 16. Juli 1879, abgeändert am 5. April 1885. — Hierzu kommt die Zigarettensteuer auf Grund des Gesetzes vom 3. Juni 1906.

Nunmehr gilt die Tabaksteuergesetznovelle vom 15. Juli 1909.

1. Der Zoll beträgt (pro Doppelzentner):

a) für Tabakblätter 85 Mk.,

b) für Tabakerzeugnisse von 85—1000 Mk. (bei Zigarren 270 Mk., bei Zigaretten 1000 Mk.); Zigarren unterliegen ausserdem einem Zollzuschlage von 40%.

2. Für Zigaretten (pro 1000 Stück) beträgt die nach dem Kleinverkaufspreise abgestufte Steuer von 2 bis 15 Mk.

IV. Die Branntweinsteuer in verschiedenen Steuerformen, geordnet durch die Reichsgesetze vom 24. Juni 1887 und vom 7. Juli 1902, mit zwei Reservaten der süddeutschen Staaten.

Die drei Formen sind:

1. eine Verbrauchsabgabe,
2. eine Maischbottichsteuer bzw. ein Zuschlag zur Verbrauchsabgabe,
3. eine Brennsteuer als Zuschlag zur Verbrauchsabgabe.

Nunmehr gilt das Branntweinsteuergesetz vom 15. Juli 1909.

Es wird erhoben:

1. eine Verbrauchsabgabe (pro Liter) von 1,05 Mk. bei kontingentiertem und 1,25 Mk. bei nichtkontingentiertem Alkohol.

2. eine Betriebsauflage: bis 40 hl 4,00 Mk., steigend bis 14,00 Mk. (bei über 3000 hl).

Der Eingangszoll ist erhöht worden, § 106.

Auch die Essigsäure unterliegt einer Verbrauchsabgabe.

V. Die Biersteuer auf Grund des Gesetzes vom 3. Juni 1906, und zwar als Brausteuer und als Vermahlungssteuer.

Zur Biersteuergemeinschaft gehören nicht: Bayern, Württemberg, Baden, Elsass-Lothringen und die Aemter Ostheim und Königsberg in Franken.

Nunmehr gilt die Brausteuergesetznovelle vom 15. Juli 1909 (in neuer Fassung bekanntgemacht unterm 21. Juli 1909).

Die Steuer beträgt (für jeden Doppelzentner) bis zu 250 Doppelzentnern 14 Mk, steigend in Skalen zu 15, 16, 18, 20 Mk.

VI. Die Schaumweinsteuer nach dem Gesetz vom 9. Mai 1902; abgeändert durch die Schaumweinsteuergesetznovelle vom 15. Juli 1909.

Die Flaschensteuer beträgt 1—3 Mk., der Eingangszoll für den Doppelzentner 180 Mk.

§ 16. **Die Reichsstempelabgaben** werden erhoben:

I. als Spielkartenstempel, Gesetz vom 3. Juli 1878;

II. als Urkundenstempel nach dem Reichsstempelgesetze vom 3. Juni 1906, abgeändert durch die Reichsstempelgesetznovelle vom 15. Juli 1909, welche (neben den Erhöhungen der bisherigen) Stempel einführt auf: Schecks (mit Ausnahme der Postschecks), Grundstücksübertragungen, Talonsteuer. — Über die Wechselstempelgesetznovelle vom 15. Juli 1909 (welche den Stempel ausdrücklich auf Blankette ausdehnt) vgl. Band 7 34.

Es bestehen folgende Urkundenstempel:

1. Für Wechsel und andere an Order gehenden Zahlungsversprechen;

2. für Aktien, und zwar alle inländischen und solche ausländischen, die sich im Inlande im Verkehre befinden, ferner Kuxscheine;

3. für inländische, für den Handelsverkehr bestimmte Renten und Schuldverschreibungen, sowie derartige ausländische Wertpapiere im Inlandsverkehre;

4. für Schlußnoten über Kauf- und andere Anschaffungsgeschäfte über gewisse Wertpapiere und über ausländische Geldsorten und Banknoten.

Dieselbe Steuer heisst Börsensteuer bei derartigen Geschäften, wenn sie nach Börsenusancen über börsenmässig gehandelte Warenmengen abgeschlossen werden.

5. Für Lotterielose und für Urkunden über die Teilnahme an öffentlich veranstalteten Ausspielungen, z. B. die sog. Lose der Pferdelotterien;

6. für Frachturkunden;

7. für Personenfahrkarten;

8. für Erlaubniskarten zur Fahrt mit Kraftfahrzeugen zur Personenbeförderung;

9. für Aufstellungen über die Vergütungen der Aufsichtsräte von Aktiengesellschaften, Kommanditaktiengesellschaften, Gesellschaften mit beschränkter Haftung, sog. Tantiemesteuer.

§ 17. Die Erbschaftssteuer nach dem Reichsgesetze vom 3. Juni 1906.

I. Gegenstand der Erbschaftssteuer ist jeder Erwerb von Todes wegen und alle Schenkungen, gleichviel ob unter Lebenden oder von Todes wegen.

Sie beträgt bis zu 20000 Mark 4, 6, 8, 10 Prozent; über 20000 Mark steigt sie progressiv bis zu 25 Prozent.

II. Befreit sind Abkömmlinge und Ehegatten des Erblassers sowie der Landesherr und seine Gemahlin.

Ermässigt ist die Erbschaftssteuer für Zuwendungen an Kirchen, Stiftungen, an solche juristischen Personen, die ausschliesslich kirchliche, milde, gemeinnützige Zwecke verfolgen, sowie für Zuwendungen zu diesen Zwecken überhaupt, wenn sie auch an andere Personen geschehen.

III. Die Erhebung der Erbschaftssteuer erfolgt durch die Erbschaftssteuerämter der Einzelstaaten. Die Reichsbevollmächtigten für Zölle und Steuern üben die Kontrolle aus.

Die Einzelstaaten haben das Recht, Zuschläge zu erheben und den Erwerb der Abkömmlinge und Ehegatten zu besteuern.

Anhang.

§ 18. Die Verwaltungsorganisation der Reichslande ist folgendermaßen eingerichtet worden.

I. Die Verwaltung steht unter einem Ministerium, an der Spitze ein Staatssekretär.

Das Ministerium hat vier Abteilungen unter je einem Unterstaatssekretär: Inneres, Justiz und Kultus, Finanzen, Gewerbe und Domänen, Landwirtschaft und öffentliche Arbeiten.

Der Unterricht ist dem Oberschulrate unterstellt.

II. Beratende Behörden sind der Staatsrat und der Landwirtschaftsrat.

1. Der Staatsrat begutachtet Gesetzesentwürfe.

2. Der Landwirtschaftsrat dient der Beratung in landwirtschaftlichen Fragen. Einen Teil der Mitglieder ernennt der Statthalter, die anderen wählen die landwirtschaftlichen Kreisvereine.

III. Die Steuerverwaltung wird von der Direktion der direkten Steuern und dem Generaldirektor der indirekten Steuern ausgeübt.

IV. Die Organisation der Staatsverwaltung:

1. Die Bezirkspräsidenten stehen unmittelbar unter dem Ministerium und sind für die Verwaltung der Bezirke zuständig.

2. Die Kreisdirektoren sind unter dem Bezirkspräsidenten für die Verwaltung der einzelnen Kreise bestellt.

3. Die Lokalverwaltung üben die Bürgermeister in den Gemeinden aus.

4. Verwaltungsgerichte sind der Kaiserliche Rat für Elsaß-Lothringen unter dem Statthalter, die Bezirksräte unter den Bezirkspräsidenten.

5. Kommunale Organe sind die Bezirkstage, die Kreistage, die Gemeinderäte.

2. Abteilung.

Preußisches Verwaltungsrecht.

1. Kapitel.

Die Staatsverwaltung.

§ 19. Die einzelnen Ministerien. I. Oberste Zentralbehörden für die einzelnen Verwaltungszweige sind die Ministerien; sie sind nach dem Realsysteme organisiert, d. h. jedem Minister ist ein bestimmter Tätigkeitskreis zugewiesen.

In Preussen ist die Organisation der Ministerien durch das Publikandum vom 16. Dezember 1808 und durch die Verordnung vom 27. Oktober 1810 durchgeführt worden. — Vordem bestand teilweise das Lokalsystem, d. h. es wurden Minister für Provinzen bestellt, z. B. für die Justiz.

Es gibt Minister ohne Portefeuille, d. h. Minister ohne Verwaltungszweig, aber mit Sitz und Stimme im Staatsministerium; so die Staatssekretäre des Reichsmarineamtes und des Inneren und der Reichsschatzsekretär.

II. Es bestehen neun Ministerien (mit Portefeuille):

1. das Ministerium des Innern, für alle inneren, insbesondere Polizeiangelegenheiten, sowie als Stammministerium für alle Angelegenheiten, die nicht anderen Ministerien zugewiesen sind;
2. das Finanzministerium;
3. das Justizministerium;
4. das Ministerium des Auswärtigen, für die Beziehungen Preußens zu den Einzelstaaten und zur Kurie sowie für die Instruktion der preußischen Stimmen im Bundesrate;
5. das Kriegsministerium;
6. das Ministerium der geistlichen, Unterrichts- und Medizinalangelegenheiten (Kultusministerium);
7. das Ministerium für Handel und Gewerbe;
8. das Landwirtschaftsministerium, welches auch für Domänen und Forsten zuständig ist;
9. das Ministerium der öffentlichen Arbeiten, welchem die Eisenbahnen unterstellt sind.

Das Ministerium des Königlichen Hauses ist keine Staatsbehörde, sondern ein Hofamt.

III. Die Einrichtung der Ministerien ist bureaumäßig.

§ 20. Die Stellung der Minister. Der Minister hat sein Verwaltungsressort zu leiten, bei den Regierungsakten des Königs durch Gegenzeichnung mitzuwirken und den Weisungen des Königs zu folgen.

1. Der Minister ist befugt, den nachgeordneten Staatsbehörden Weisungen zu erteilen, abgesehen von solchen Behörden, welche in bezug auf den Inhalt ihrer Entscheidungen unabhängig gestellt sind, z. B. die Gerichte.

2. Der Minister hat die Aufsicht über die Staatsbehörden und Staatsbeamten seines Ressorts.

3. Der Minister ist letzte Instanz in den Verwaltungssachen seines Ressorts, soweit nicht die endgültige Entscheidung einem anderen Organe zugewiesen ist.

4. Nach der Verordnung vom 24. Oktober 1810 unterliegen der vorherigen königlichen Zustimmung eine grössere Zahl wichtiger ministerieller Akte. Der Minister hat alljährlich dem König eine Hauptrechenschaft seiner Verwaltung abzulegen.

Über die Ministeranklage s. Band II.

§ 21. **Das Staatsministerium** ist eine kollegiale Behörde, in welcher die Ressortminister und ferner die Minister ohne Portefeuille Sitz und Stimme haben.

Wenn der König persönlich den Vorsitz im Staatsministerium führt, so nennt man die Behörde Kronrat. In den anderen Sitzungen führt der Präsident des Staatsministeriums, bei dessen Vertretung der Vizepräsident oder der dienstälteste Minister den Vorsitz.

I. Die Beschlüsse des Staatsministeriums werden mit Stimmenmehrheit gefaßt.

II. Das Staatsministerium hat eine beratende und eine beschließende Kompetenz.

1. Zur beratenden Kompetenz des Staatsministeriums gehören allgemeine Gegenstände und solche, bei denen die Ressorts ineinandergreifen und eine gemeinschaftliche Beratung erforderlich ist. Insbesondere gehören hierher alle Entwürfe zu neuen Gesetzen und allgemeinen Verordnungen, die Etatsentwürfe und die Vorschläge wegen Anstellung von höheren Beamten im Range der Räte 2. Klasse und darüber.

Abweichende Ansichten zwischen den einzelnen Ministern entscheidet das Staatsministerium.

2. Zur beschliessenden Kompetenz des Staatsministeriums gehören: die Führung der Staatsgeschäfte bis zur Einsetzung eines Regenten, die Zustimmung zu Notverordnungen, die Verhängung des Belagerungszustandes bei Gefangennahme des Königs, kommunale Grenzveränderungen, Auflösung kommunaler Körperschaften. Das Staatsministerium ist höchste Instanz in Disziplinarsachen der nichtrichterlichen Beamten.

Einige Behörden sind unmittelbar dem Staatsministerium unterstellt; so die Prüfungskommission für höhere Verwaltungsbeamte, die Ansiedelungskommission für Westpreussen und Posen, das Oberverwaltungsgericht.

§ 22. **Das Geheime Kabinett** ist zur Unterstützung des Königs in der persönlichen Ausübung der Regierungstätigkeit eingesetzt; es ist eine Staatsbehörde, aber auch für private Angelegenheiten des Königs bestimmt. Es hat drei Abteilungen:

1. das Zivilkabinett für die Zivil- und Hofsachen, unter dem Geheimen Kabinettsrat, seit 1810;
2. das Militärkabinett für die Personalien des Heeres, seit 1810;
3. das Marinekabinett, seit 1889.

Die Minister holen in laufenden Sachen die Entschliessung des Königs durch das Geheime Kabinett ein. Nur in gewissen Sachen halten die Minister dem Könige Immediatvorträge.

§ 23. **Der Staatsrat** ist durch Verordnungen vom 20. März 1817 eingeführt, sodann 1854 und 1884 reorganisiert worden.

Im Staatsrate haben Sitz: die grossjährigen königlichen Prinzen, die Staatsminister, die Chefs des Geheimen Kabinetts und die Feldmarschälle, ferner die in Berlin anwesenden kommandierenden Generäle und Oberpräsidenten, ausserdem solche Personen, welche der König aus besonderem Vertrauen in den Staatsrat beruft.

Den Vorsitz führt der König oder der vom König ernannte Präsident resp. Vizepräsident.

Die Arbeiten des Plenums werden durch eine engere Versammlung vorbereitet; zu diesem Zwecke ist der Staatsrat in sieben Abteilungen eingeteilt.

In beiden werden die Beschlüsse mit Stimmenmehrheit gefasst.

Zur Zuständigkeit des Staatsrates gehören Gutachten über alle Gesetze und Verwaltungsnormen, welche der König vor den Staatsrat bringt.

§ 24. Die Provinzialbehörden. Für die Zwecke der unmittelbaren Staatsverwaltung, insbesondere für innere und Finanzverwaltung, gliedert sich der preußische Staat in Provinzen, Regierungsbezirke und Kreise.

Der Kreis zerfällt für die Zwecke der unteren Verwaltung in Stadt- und Landgemeinden und Gutsbezirke.

Die Provinzen und die Kreise sind Verwaltungsbezirke und zugleich Kommunalverbände. Die Stadt- und Landgemeinden sind hauptsächlich Kommunalverbände, haben jedoch auch Staatsverwaltungsaufgaben. Die Regierungsbezirke sind (von Ausnahmen abgesehen) ausschliesslich für die Staatsverwaltung bestimmt.

Durch die Verordnung vom 30. April 1815 wurde das Gebiet des preussischen Staates in 10 Provinzen geteilt, nämlich: Ostpreussen, Westpreussen, Brandenburg, Pommern, Posen, Schlesien, Sachsen, Westfalen, Kleve-Berg und Niederrhein. Die Provinzen Ost- und Westpreussen wurden jedoch 1827 zu einer Provinz Preussen, ebenso die Provinzen Kleve-Berg und Niederrhein als Rheinprovinz vereinigt.

1. In der weiteren Entwickelung stieg die Zahl der Provinzen auf 12, und zwar dadurch, dass nach 1866 drei neue Provinzen, Schleswig-Holstein, Hannover und Hessen-Nassau, hinzukamen und 1877 die Provinz Preussen wieder in zwei Provinzen, Ost- und Westpreussen, geteilt wurde.

Zu Schleswig-Holstein traten 1876 noch das Herzogtum Lauenburg und 1891 Helgoland, zu Hannover 1873 das Jadegebiet hinzu.

2. Keiner Provinz gehören an: Berlin seit der Provinzialordnung vom 29. Juni 1875, ferner die hohenzollernschen Lande seit 1850.

I. Jede Provinz soll nach der Verordnung vom 30. April 1815 in zwei und mehr Regierungsbezirke geteilt werden.

Die hohenzollernschen Lande bilden einen Regierungsbezirk für sich. Die Provinz Hannover hat ihre Landdrosteien als Regierungsbezirke behalten. Die Provinz Schleswig-Holstein bildet nur einen Regierungsbezirk. Die Stadt Berlin gehört zu keinem Regierungsbezirke.

Der preussische Staat zerfällt in 38 Regierungsbezirke mit 569 Kreisen, und zwar 86 Stadtkreisen und 483 Landkreisen.

An der Spitze der Verwaltung einer Provinz steht der Oberpräsident; er ist nicht eine Mittelsperson zwischen dem Minister und der Bezirksregierung, sondern entlastet den Minister, indem er ihn, soweit nicht besondere Provinzialbehörden (z. B. Generalkommando, Eisenbahndirektion, Provinzialsteuerdirektion) bestehen, für den Bereich der Provinz vertritt.

Dem Oberpräsidenten sind ein Oberpräsidialrat, Räte und Hilfsarbeiter beigegeben. Der Oberpräsidialrat ist zugleich Stellvertreter des Oberpräsidenten in Verhinderungsfällen.

Der Oberpräsident ist für folgende Angelegenheiten zuständig:

1. Er hat die eigene Verwaltung aller Angelegenheiten, welche die Provinz als solche betreffen oder über den Bereich eines Regierungsbezirkes hinausgehen.

2. Er hat die Oberaufsicht über die Verwaltungstätigkeit der Bezirksregierungen.

3. Er ist Stellvertreter der obersten Staatsbehörden im besonderen Auftrage sowie in außerordentlichen Fällen, z. B. bei Notständen.

4. Er ist Vorsitzender des Provinzialrates und königlicher Kommissar des Provinziallandtages.

Für Berlin werden die Geschäfte des Oberpräsidenten und des Provinzialrates als erste Instanz vom Oberpräsidenten von Brandenburg, die Geschäfte des Provinzialrates zweiter Instanz vom Minister des Innern wahrgenommen.

II. Der Provinzialrat besteht aus dem Oberpräsidenten bzw. dessen Stellvertreter als Vorsitzendem, ferner einem von dem Minister des Innern (auf die Dauer seines Hauptamtes am Sitze des Oberpräsidenten) ernannten höheren Verwaltungsbeamten resp. dessen Stellvertreter und fünf Laien bzw. deren Stellvertretern, welche vom Provinzialausschusse aus der Zahl der zum Provinziallandtage wählbaren Angehörigen der Provinz auf 6 Jahre gewählt werden.

In der Provinz Posen bedürfen diese fünf Mitglieder der Bestätigung.
Die Beschlüsse des Provinzialrates werden nach Stimmenmehrheit gefasst. – Die Zustimmung des Provinzialrates ist bei den vom Oberpräsidenten zu erlassenden Polizeiverordnungen erforderlich. — Der Provinzialrat ist Beschwerdeinstanz gegen die vom Bezirksausschuss in erster Instanz gefassten Beschlüsse und in wenigen Fällen Beschlussbehörde erster Instanz.

III. Neben dem Oberpräsidenten fungieren für bestimmte Verwaltungszweige besondere Behörden.

1. Die Provinzialsteuerdirektion verwaltet die indirekten Steuern innerhalb der Provinz; sie ist bureaukratisch organisiert; an der Spitze steht ein Provinzialsteuerdirektor.

2. Das Provinzialschulkollegium hat die unmittelbare Aufsicht bzw. Verwaltung der höheren Schulen, Seminare, öffentlichen Taubstummen- und Blindenanstalten in der Provinz. Vorsitzender ist der Oberpräsident.

3. Das Medizinalkollegium unter Vorsitz des Oberpräsidenten ist eine beratende Behörde auf den Gebieten der Gesundheitspolizei und der gerichtlichen Medizin.

4. Die Generalkommission unter einem Präsidenten hat die Regulierung der gutsherrlich-bäuerlichen Verhältnisse, die Ablösungen und die Gemeinheitsteilungen durchzuführen (erste Instanz in Agrarsachen); vgl. insbesondere Bd. 22.

§ 25. Die Bezirksbehörden. I. Die Regierung ist für alle Angelegenheiten der inneren Verwaltung des Regierungsbezirkes zuständig, soweit nicht besondere Behörden bestehen.

Die Regierungen waren ursprünglich Kollegien mit drei Abteilungen: für Inneres, für Kirchen- und Schulsachen, für direkte Steuern, Domänen und Forsten.

Durch neuere Gesetze ist die Abteilung des Innern aufgehoben; ihre Geschäfte werden, soweit sie nicht auf eine andere Behörde übertragen sind, vom Regierungspräsidenten als Einzelbeamten erledigt.

II. Der Regierungspräsident ist für die Angelegenheiten des Innern zuständig, insbesondere für Hoheits-, Militär-, Kommunal-, Polizei-, Gesundheits-, Bau-, Armen-, Landwirtschafts-, Gewerbe-, Handels- und Verkehrs-, Juden-, Dissidentensachen und Statistik; er ist Vorsitzender des Plenums der Regierung und des Bezirksausschusses.

Daneben bestehen (in den meisten Regierungsbezirken) zwei kollegiale Abteilungen, die eine für Kirchen- und Schulsachen, die andere für Steuern, Domänen und Forsten.

Jede Abteilung beschliesst selbständig für sich in den ihr zugewiesenen Angelegenheiten (Vorsitz: Oberregierungsrat als Abteilungsdirigent). Einige wichtigere Gegenstände werden im Plenum der Abteilungen unter Mitwirkung der beiden vom König ernannten Mitglieder des Bezirksausschusses erledigt.

Der Regierungspräsident ist befugt, Beschlüsse des Plenums oder der Abteilungen, mit welchen er nicht einverstanden ist, zu beanstanden und die Entscheidung des Oberpräsidenten einzuholen. In eiligen Fällen darf er an Stelle des Kollegiums persönlich Anordnungen treffen.

III. Der Bezirksausschuß besteht aus sieben Mitgliedern, nämlich aus dem Regierungspräsidenten als Vorsitzendem, aus zwei vom König auf Lebenszeit ernannten Mitgliedern bzw. deren Stellvertretern und aus vier Laien bzw. deren Stellvertretern, welche vom Provinzialausschusse aus den Einwohnern des Regierungsbezirkes gewählt werden.

1. Von den ernannten Mitgliedern muss der eine zum Richteramte, der andere für den höheren Verwaltungsdienst befähigt sein. Einer von ihnen wird zugleich zum stellvertretenden Vorsitzenden des Bezirksausschusses mit dem Titel Verwaltungsgerichtsdirektor ernannt.

2. Der Bezirksausschuss ist: a) als Verwaltungsgericht erste Instanz in wichtigeren Verwaltungsstreitsachen und zweite Instanz über dem Kreisausschusse; — b) als Verwaltungsbehörde zuständig, den Polizeiverordnungen des Regierungspräsidenten seine Zustimmung zu erteilen, über die Beschwerden gegen Beschlüsse eines Kreis- oder Stadtausschusses zu entscheiden; er ist ferner Beschlussbehörde erster Instanz, z. B. für die Genehmigung von Ortsstatuten der Städte und von Innungsstatuten.

IV. Für Berlin besteht eine besondere Regelung:

1. Das Polizeipräsidium erledigt die Kirchen-, Invaliden-, Pensions-, Unterstützungs-, Witwen- und Waisensachen.

2. Die Ministerial-, Militär- und Baukommission bearbeitet die Militär-, Bau- und Kassensachen. In letzterer Eigenschaft ist sie Hinterlegungsstelle; als Hinterlegungskasse fungiert die Vereinigte Konsistorial-, Militär- und Baukasse, vgl. Band 2 22.

3. Für die direkten Steuern ist eine besondere Direktion eingerichtet.

4. Der Oberpräsident ist für die Gemeindeaufsicht sowie für die Einleitung des Disziplinarverfahrens zuständig.

§ 26. Kreisbehörden für die Zwecke der unmittelbaren Staatsverwaltung sind der Landrat und der Kreisausschuß (Kreisordnung für die östlichen Provinzen vom 13. Dezember 1872).

I. Der Landrat wird vom König ernannt; der Kreistag ist befugt, für die Besetzung des erledigten Landratsamtes Vorschläge zu machen.

1. Präsentiert werden können diejenigen, welche dem Kreise seit mindestens einem Jahre durch Grundbesitz oder Wohnsitz angehören und für das Landratsamt qualifiziert sind.

Die Qualifikation zum Landrate besitzt:

a) wer als Kreiseingesessener mindestens vier Jahre entweder als Referendar tätig gewesen oder in Selbstverwaltungsämtern dieses Kreises, des Regierungsbezirkes oder der betreffenden Provinz beschäftigt ist;

b) wer die Befähigung zum höheren Verwaltungs- oder Justizdienste hat.

2. Als Vertreter des Landrates fungiert ein Kreisdeputierter (mit Bestätigung durch den Oberpräsidenten).

II. Der Landrat führt die Geschäfte der unmittelbaren Staatsverwaltung im Kreise, soweit sie nicht anderen Behörden überwiesen sind, als Einzelbeamter. Insbesondere hat er die gesamte Polizeiverwaltung im Kreise.

Er kann unter Zustimmung des Kreisausschusses Polizeiverordnungen für den Kreis oder für Ortspolizeibezirke erlassen. Der Landrat ist Vorsitzender des Kreisausschusses (mit Stimmrecht) und des Kreistages (ohne Stimmrecht).

III. Der Kreisausschuß besteht aus dem Landrat als Vorsitzendem und aus sechs (vom Kreistage auf sechs Jahre) gewählten Mitgliedern.

Der Kreisausschuss ist zuständig:

1. als Organ der unmittelbaren Staatsverwaltung für Geschäfte der allgemeinen Landesverwaltung des Kreises, für die auf Erfordern der Staatsbehörden abzugebenden Gutachten und für die Zustimmung zu Polizeiverordnungen des Landrates;

2. als staatliches Verwaltungsgericht für Verwaltungsstreitsachen in erster Instanz;

3. als kommunales Verwaltungsorgan neben dem Kreistage.

IV. Der Stadtkreis hat einen Stadtausschuß, der aus dem Bürgermeister bzw. seinem Stellvertreter als Vorsitzendem und vier vom Magistrate aus seiner Mitte für die Dauer ihres Hauptamtes gewählten Mitgliedern besteht.

In den nichtkreisfreien Städten mit mehr als 10000 Einwohnern übt der Magistrat die Geschäfte des Kreisausschusses in Staatsverwaltungssachen aus.

Der Stadtausschuß ist Staatsverwaltungsbehörde und erstinstanzliches Verwaltungsgericht; dagegen übt er kommunale Befugnisse nicht aus.

§ 27. Amtsbezirk ist ein zur Wahrnehmung öffentlicher Angelegenheiten, insbesondere zur Handhabung der Polizei, gebildeter Verwaltungsbezirk ohne juristische Persönlichkeit.

In Westfalen treten an die Stelle der Amtsbezirke die Ämter, in der Rheinprovinz die Landbürgermeistereien, in Posen die Distriktskommissarien. In Hannover gibt es keine Amtsbezirke.

I. Der Amtsbezirk setzt sich aus Landgemeinden oder aus Gutsbezirken oder aus beiden zusammen. Seine Organe sind der Amtsvorsteher und der Amtsausschuß.

Der Amtsvorsteher ist ein Einzelbeamter im Ehrenamte mit Anspruch auf Entschädigung von Dienstunkosten; er wird vom Oberpräsidenten auf Vorschlag des Kreistages auf sechs Jahre ernannt. In besonderen Fällen kann ein kommissarischer Amtsvorsteher (als Berufsbeamter mit Gehalt) angestellt werden.

II. Dem Amtsvorsteher untersteht die Verwaltung der gesamten öffentlichen Angelegenheiten des Amtsbezirks, soweit nicht eine andere Zuständigkeit gegeben ist, insbesondere die gesamte Ortspolizei (Landrat im kleinen). Er hat das Polizeiverordnungsrecht, ist aber hierbei an die Zustimmung des Amtsausschusses gebunden.

III. Der Amtsausschuß ist zuständig für die Zustimmung zu Polizeiverordnungen des Amtsvorstehers und hat die Ausgaben der Verwaltung des Amtsbezirks zu beaufsichtigen. — Mitglieder des Amtsausschusses sind der Amtsvorsteher als Vorsitzender, die Vertreter der zum Amtsbezirk gehörenden Gemeinden und Gutsbezirke (sämtliche Gemeinde- und Gutsvorsteher) als Beisitzer.

Kreisfreie Städte sind nicht an die Verfassung der Amtsbezirke gebunden; eingekreiste Städte bilden an Stelle der Amtsbezirke Stadtbezirke, deren Organe (Bürgermeister und Magistrat) den Funktionen von Amtsvorsteher und Amtsausschuss zu genügen haben; siehe auch w. o. § 26 unter IV.

2. Kapitel.

Die Kommunalverwaltung.

§ 28. **Die Stadtgemeinden** haben als Organe den Bürgermeister, den Magistrat und die Stadtverordnetenversammlung.

Vorläufer der geltenden Städteordnung ist die Steinsche Städteordnung vom 19. November 1808, revidiert 1831. — Die Städteordnung vom 30. Mai 1853 gilt für die östlichen Provinzen mit Ausnahme von Neuvorpommern und Rügen. — Für Westfalen gilt die Städte- und Landgemeindeordnung vom 19. März 1856; für die Rheinprovinz gilt eine solche vom 15. Mai 1856 (kein Magistrat). — Neuvorpommern: 31. Mai 1853 (Bürgermeister auf Lebenszeit). — Hannover: 24. Juni 1856 (Bürgermeister, Senatoren, Bürgervorsteher). — Frankfurt a. M.: 25. März 1867 (allgemeines und gleiches Wahlrecht). — Schleswig-Holstein: 14. April 1869. — Wiesbaden: 8. Juni 1891. — Hessen-Nassau: 4. August 1897.

Die Stadtgemeinden haben Selbstverwaltung (Autonomie) und können ihre Verhältnisse durch Ortsstatut regeln, [3 Fälle: a) wenn gesetzlich Verschiedenheiten ausdrücklich gestattet sind; — b) wenn das Gesetz auf das Ortsstatut verweist; — c) wenn das Gesetz nichts bestimmt]. Das Ortsstatut der Stadtkreise bedarf der Genehmigung des Bezirksausschusses, das der nichtkreisfreien Städte derjenigen des Kreisausschusses.

Die Staatsaufsicht über die Stadtgemeinden äussert sich namentlich in folgenden Fällen:

1. Genehmigungspflichtigkeit der Ortsstatuten und gewisser Finanzbeschlüsse (Steuern über 100%, Stadtanleihen); auch die Verwaltung des Gemeindevermögens (w. u. unter V) wird staatlich beaufsichtigt, so dass z. B. Grundstücksveräusserungen genehmigungspflichtig sind.
2. Bestätigung der Wahlen (Bürgermeister, Stadträte).

3. Anweisung an den Bürgermeister, gesetzwidrige oder die Kompetenz überschreitende Beschlüsse der städtischen Kollegien zu beanstanden.

4. Zwangsetatisierung: gesetzlich notwendige Ausgaben können gegen den Willen der städtischen Kollegien auf den Etat der Stadtgemeinde gebracht werden.

5. Auflösung der Stadtverordnetenversammlung aus gesetzlichen Gründen.

I. Die Stadtverordnetenversammlung ist eine gewählte Vertretung der Bürger. Die Zahl der Stadtverordneten kann jede Stadt statutarisch festsetzen; subsidiär ist die Zahl gesetzlich nach der Zahl der städtischen Bevölkerung bestimmt.

1. Aktiv wahlberechtigt sind nur die Bürger der Stadt.

a) Die Einwohner des Gemeindebezirkes (ohne Rücksicht auf Staatsangehörigkeit) sind zur Mitbenutzung der öffentlichen Gemeindeanstalten der Stadt berechtigt und zur Teilnahme an den Gemeindelasten verpflichtet.

b) Das Bürgerrecht ist das Recht, an den Gemeindewahlen teilzunehmen, und die Befähigung, in die Gemeindevertretung und zu den unbesoldeten Gemeindeämtern gewählt zu werden; Voraussetzung des Bürgerrechts ist preussische Staatsangehörigkeit, männliches Geschlecht, Alter von 24 Jahren, eigener Hausstand und Gemeindeangehörigkeit seit mindestens einem Jahr und Erfüllung eines gewissen Zensus.

2. Die passive Wahlberechtigung fehlt den Mitgliedern der Aufsichtsbehörden, den Magistratsmitgliedern, den Polizeibeamten, den Geistlichen und den Elementarlehrern an öffentlichen Volksschulen, endlich den Richtern und Staatsanwälten.

Die Hälfte der von jeder Abteilung zu wählenden Stadtverordneten muss aus Hausbesitzern bestehen.

Die Wahl erfolgt nach dem Dreiklassensystem (3 Abteilungen nach Massgabe der von ihnen zu entrichtenden direkten Steuern).

Die Stadtverordneten werden auf 6 Jahre gewählt; alle 2 Jahre scheidet ein Drittel aus.

II. Die Stadtverordnetenversammlung ist beschließendes, daneben auch begutachtendes und kontrollierendes Organ; die Exekutive steht ihr nicht zu.

1. Sie hat über alle Gemeindeangelegenheiten zu beschließen, soweit diese nicht ausschließlich dem Magistrat oder Bürgermeister zugewiesen sind. Ihre Beschlüsse bedürfen, wenn die Ausführung dem Magistrate zugewiesen ist, der Zustimmung des Magistrates. — Meinungsverschiedenheiten zwischen beiden Organen werden auf Antrag eines Teiles vom Bezirksausschusse entschieden.

2. Überschreiten Beschlüsse der Stadtverordnetenversammlung deren Befugnisse, oder verstoßen sie gegen die Gesetze, so hat der Magistrat (eventuell auf Anweisung des Regierungspräsidenten) sie mit aufschiebender Wirkung unter Angabe der Gründe zu beanstanden; hiergegen: Klage im Verwaltungsstreitverfahren.

3. Sie kontrolliert die Gemeindeverwaltung und ist befugt, sich von der Ausführung ihrer Beschlüsse zu überzeugen; der Magistrat hat ihr jährlich über die Ausführung des Etats Rechnung zu legen.

Die Versammlung wählt jährlich aus ihrer Mitte einen Vorsitzenden sowie einen Stellvertreter. Die Sitzungen sind in der Regel öffentlich; der Magistrat kann sich durch Abgeordnete vertreten lassen.

III. Der Magistrat ist ein kollegialischer Gemeindevorstand; an seiner Spitze steht der Bürgermeister; Mitglieder sind ein Beigeordneter oder 2. Bürgermeister (als Stellvertreter) und eine Anzahl unbesoldeter Stadträte (Schöffen, Ratsmänner, Ratsherren) und, soweit es das Bedürfnis erfordert, auch ein oder mehrere besoldete sachverständige Mitglieder.

Sämtliche Mitglieder des Magistrats werden von der Stadtverordnetenversammlung gewählt, und zwar der Bürgermeister und die übrigen besoldeten Mitglieder regelmässig auf 12 Jahre, die unbesoldeten Mitglieder auf 6 Jahre.

Die Magistratsmitglieder bedürfen staatlicher Bestätigung; diese erteilt der König für den Bürgermeister und den Beigeordneten in Städten von mehr als 10000 Einwohnern, im übrigen der Regierungspräsident; die Versagung der Bestätigung bedarf der Zustimmung des Bezirksausschusses. Gegen die Versagung der Bestätigung ist Rekurs an den Minister des Innern zugelassen.

1. Der Magistrat ist Ortsobrigkeit mit Recht auf Gehorsam; er ist Gemeindeverwaltungsbehörde und hat die Gesetze und Verordnungen sowie die Verfügungen der vorgesetzten Behörden auszuführen, die Beschlüsse der Stadtverordnetenversammlung vorzubereiten und auszuführen.

2. Der Magistrat vertritt die Gemeinde nach außen, insbesondere auch vor den Gerichten; er hat die städtischen Gemeindeanstalten zu verwalten und zu beaufsichtigen, das Vermögen der Stadt und ihre Einnahmen zu verwalten, den Haushaltsetat zu entwerfen und auszuführen.

Die Gemeindebeamten werden vom Magistrate nach Anhörung der Stadtverordneten angestellt und beaufsichtigt.

IV. Der Bürgermeister ist Vorsitzender des Magistrats und hat ferner den Geschäftsgang der städtischen Verwaltung zu leiten und zu beaufsichtigen; in eiligen Fällen darf er die dem Magistrat obliegenden Geschäfte vorläufig allein besorgen.

1. Regelmässig ist der Bürgermeister staatliche Ortspolizeibehörde. An seiner Stelle können die Geschäfte der Ortspolizei mit Genehmigung des Regierungspräsidenten einem anderen Magistratsmitgliede übertragen werden.

2. Für den Erlass von Ortspolizeiverordnungen, welche nicht zum Gebiete der Sicherheitspolizei gehören, ist die Zustimmung des Magistrats erforderlich; eine Ergänzung durch den Bezirksausschuss ist zugelassen. Vor dem Erlass sicherheitspolizeilicher Ortsvorschriften ist der Magistrat zu hören.

3. Der Minister des Innern kann in einer Gemeinde, in welcher sich eine Bezirksregierung oder ein Landgericht befindet, oder welche mehr als 10000 Einwohner zählt, sowie in Festungen die örtliche Polizeiverwaltung ganz oder teilweise einem besonderen Staatsbeamten übertragen.

Ist in einer Stadt königliche Polizei eingeführt, dann verbleibt der Kommune in der Regel die Bau-, Gesundheits-, Gewerbe-, Schul-, Markt-, Melde-, Pass-, Feld-, Jagd-, Forst-, Gesinde-, Armen-, Wege-, Wasser-, Fischerei-, Feuerpolizei. Vgl. auch Gesetz vom 7. März 1908.

Die Einnahmen und Ausgaben der Polizeiverwaltung fallen nach dem Polizeikostengesetz vom 3. Juli 1908 in Gemeinden, deren örtliche Polizeiverwaltung ganz oder teilweise königlich ist, zu zwei Dritteln auf den Staat, zu einem Drittel auf die Stadtgemeinde. In Berlin werden 5% als nicht auf der örtlichen Polizeiverwaltung beruhend (siehe w. o. Seite 18) abgesetzt. — Das Gesetz findet auf die Verwaltung der Distriktskommissare in Posen keine Anwendung.

V. Finanzen der Gemeinde. Das Vermögen wird eingeteilt in:

1. Kämmereivermögen (Gemeindevermögen), welches entweder Finanzvermögen (zwecks Bestreitung der Gemeindeausgaben) oder Verwaltungsvermögen (zwecks Erfüllung der kommunalen Aufgaben) ist;

2. Bürgervermögen (Gemeindegliedervermögen), im Eigentume der Gemeinde stehend, aber in der Nutzung von Gemeindegliedern.

Die Leistungen der Einwohner können sein: Kommunalsteuern (reine Geldleistung ohne Gegenleistung), Kommunalabgaben (Gebühren und Beiträge, siehe Band **27**; — vgl. Kommunalabgabengesetz vom 14. Juli 1893), Kommunallasten (Geld und Naturalien).

1. Direkte Gemeindesteuern sind: a) die Einkommensteuer, erhoben als Zuschlag (prozentualiter) zur Staatseinkommensteuer; — b) die Grund- und Gebäudesteuer; — c) die Gewerbesteuer; siehe w. u. § 35.

2. Indirekte Steuern der Gemeinden:

a) Verbrauchssteuern nur im Rahmen der Reichsgesetze (also z. B. auf Getränke, Schlacht- und Mahlsteuer); Beseitigung des Oktroi mit dem 1. April 1910.

b) Hunde-, Lustbarkeits-, Luxus-, Umsatz-, Wertzuwachssteuer.

3. Warenhaussteuer auf Grund des Gesetzes vom 18. Juli 1900.

§ 29. **Die Landgemeinden.** I. Den Landgemeindebezirk bilden die Grundstücke eines Dorfes nebst der zugehörigen Feldmark.

Früher galt die Gemeindeordnung vom 11. März 1850; sie wurde 1852 sistiert und 1853 aufgehoben — Für die östlichen Provinzen gilt die Landgemeindeordnung vom 3. Juli 1891. — Für Westfalen: 19. März 1856; für die Rheinprovinz: 23. Juli 1845 (nach diesen Gesetzen werden mehrere Gemeinden zu einem Zweckverbande als Bürgermeisterei zusammengeschlossen). — Hannover: 29. April 1859. — Schleswig-Holstein: 4. Juli 1892. — Hessen-Nassau: 4. August 1897.

II. In der Landgemeinde sind Gemeindeangehörige: alle (In- und Ausländer) in der Landgemeinde wohnenden Personen (sie können die Gemeindeeinrichtungen benutzen und haben die Gemeindelasten zu tragen); — Gemeindeglieder sind die deutschen Gemeindeangehörigen, welche mindestens 1 Jahr im Bezirke wohnen, selbständig sind, keine Armenunterstützung aus öffentlichen Mitteln empfangen, Steuern zahlen und Hausbesitzer sind oder einen bestimmten Steuersatz entrichten. Nur die Gemeindeglieder haben Gemeinderecht.

III. Organe der Landgemeinde sind der Gemeindevorsteher und die Gemeindevertretung.

In Landgemeinden mit höchstens 40 Gemeindegliedern besteht keine Gemeindevertretung, sondern nur eine Gemeindeversammlung.

1. Der (besoldete oder unbesoldete) Gemeindevorsteher wird auf 6 Jahre gewählt und vom Landrate vereidigt und bestätigt; er ist Ausführungsorgan unter dem Amtsvorsteher; er hat nicht die Polizeigewalt.

Neben dem Vorsteher fungieren 2—6 unbesoldete Schöffen oder Dorfgeschworene (als seine Vertreter, nicht als Kollegium).

2. In die Gemeindevertretung werden 9—24 Vertreter gewählt; zwei Drittel der Gewählten müssen in der Gemeinde mit Grundstücken angesessen sein. Den Vorsitz führt der Gemeindevorsteher.

§ 30. Die selbständigen Gutsbezirke sind nicht Kommunalverbände. Der Gutsbesitzer trägt allein die Pflichten und Leistungen, welche den Gemeinden für ihren Bezirk obliegen, und hat die entsprechenden Befugnisse.

Er kann die Befugnisse und Pflichten des Gemeindevorstehers entweder selbst oder durch einen qualifizierten Stellvertreter ausüben.

§ 31. Die Kreise sind mit Korporationsrechten ausgestattete Kommunalverbände zur Selbstverwaltung ihrer Angelegenheiten; sie sind entweder Landkreise oder Stadtkreise.

Die Kreisverfassung ist durch die Kreisordnung für die östlichen Provinzen (ausser Posen) vom 13. Dezember 1872 geordnet; dieses Gesetz ist unter dem 19. März 1881 neu redigiert (Aufhebung der gutsherrlichen Polizeigewalt). — Für Posen: Kreisordnung vom 20. Dezember 1828 und Gesetz vom 19. Mai 1889. — Für Hannover: Kreisordnung vom 6. Mai 1884 (Ortspolizei ist der Landrat). — Für Hessen-Nassau: 7 Juli 1885 (Ortspolizei ist die Gemeinde). — Für Westfalen: 31. Juli 1886 (Amtmann). — Für die Rheinprovinz: 30. Mai 1887 (Landbürgermeister). — Für Schleswig-Holstein: 26. Mai 1888.

I. Organe der Kommunalverwaltung eines Landkreises sind der Kreistag, der Kreisausschuß und der Landrat. In den Stadtkreisen werden die Kreiskommunalgeschäfte von den städtischen Behörden gemäß der Städteordnung wahrgenommen.

II. Der Kreistag besteht ausschließlich des vorsitzenden Landrates aus mindestens 25 gewählten Mitgliedern.

Zum Zwecke der Wahl werden drei Wahlverbände gebildet: a) die grösseren ländlichen Grundbesitzer, b) die Landgemeinden nebst den Gutsbezirken, c) die Städte.

Die Zahl der städtischen Abgeordneten wird nach dem Verhältnis der städtischen und ländlichen Bevölkerung auf Grund der letzten Volkszählung bestimmt; sie darf jedoch die Hälfte der Gesamtzahl aller Abgeordneten nicht übersteigen. Von den übrigbleibenden Abgeordneten erhält der Verband der grösseren Grundbesitzer und der der Landgemeinden je die Hälfte.

Die Abgeordneten werden auf 6 Jahre gewählt; alle 3 Jahre scheidet die Hälfte der Abgeordneten aus.

1. Die Beschlüsse des Kreistages werden regelmäßig mit Stimmenmehrheit gefaßt; nur für gewisse finanziell wichtige Beschlüsse ist Zweidrittelmehrheit erforderlich.

2. Der Kreistag vertritt den Kreiskommunalverband und hat generell über alle Kreisangelegenheiten zu beraten und zu beschließen.

In den Kommunalangelegenheiten des Kreises ist der Kreisausschuss ausführendes und geschäftsführendes Organ. Er hat die Beschlüsse des Kreistages vorzubereiten und eventuell auszuführen sowie die Angelegenheiten des Kreises zu verwalten.

III. Der Landrat hat die Vorlagen für den Kreisausschuß vorzubereiten. Er hat den Kreisausschuß nach außen zu vertreten.

§ 32. Die Provinzen. Organe der Provinz (als Kommunalverband) sind der Provinziallandtag, der Provinzialausschuß, der Landesdirektor. Die Provinz hat juristische Persönlichkeit.

Die Kommunalverwaltung der Provinzen beruht auf der Provinzialordnung vom 29. Juni 1875, neu redigiert unterm 22. März 1881. — Für Posen bleiben die alten Vorschriften (27. März 1824), modifiziert durch das Gesetz vom 19. Mai 1889, bestehen. — Für Hannover: 7. Mai 1884. — Hessen-Nassau: 8. Juni 1885. — Westfalen: 1. August 1886. — Rheinprovinz: 1. Juni 1887. — Schleswig-Holstein: 27. Mai 1888.

I. Der Provinziallandtag besteht aus den Abgeordneten der Kreise der Provinz.

Regelmässig wählt jeder Kreis mindestens 2 Abgeordnete; die Zahl der Abgeordneten steigt mit der Einwohnerzahl. Die Abgeordneten der Landkreise werden von den Kreistagen gewählt, die der Stadtkreise von Magistrat und Stadtverordnetenversammlung in gemeinschaftlicher Sitzung. Wählbar ist jeder selbständige Deutsche, der das 30. Lebensjahr vollendet hat, sich im Besitz der bürgerlichen Ehrenrechte befindet und seit mindestens einem Jahre der Provinz durch Grundbesitz oder Wohnsitz angehört. Die Wahlen erfolgen auf 6 Jahre. Ein Zwang zur Annahme der Wahl besteht nicht.

1. Der Provinziallandtag wird vom König alle zwei Jahre wenigstens einmal berufen. Königlicher Kommissar ist der Oberpräsident oder ein besonders ernannter Stellvertreter. Der Landtag wählt einen Vorsitzenden und gibt sich eine Geschäftsordnung.

2. Der Provinziallandtag hat den Provinzialverband zu vertreten und über dessen Angelegenheiten zu beraten und zu beschließen.

II. Der Provinzialausschuß (ausschließlich Selbstverwaltungsorgan) besteht aus einem Vorsitzenden und 7—13 Mitgliedern, welche vom Provinziallandtage aus den zu diesem wählbaren Personen auf sechs Jahre gewählt werden.

Der Landesdirektor ist von Amts wegen Mitglied, darf aber nicht Vorsitzender sein; siehe w. u. unter III.

Der Provinzialausschuss hat die Beratungen des Provinziallandtages vorzubereiten und die Wahlen für den Provinzialrat und die Bezirksausschüsse vorzunehmen.

III. Zur Wahrnehmung der laufenden Geschäfte der kommunalen Provinzialverwaltung wird ein Landesdirektor (oder Landeshauptmann) vom Provinziallandtage auf 6—12 Jahre gewählt; er ist mittelbarer Staatsbeamter und bedarf königlicher Bestätigung.

Der Landesdirektor hat die Beschlüsse des Provinzialausschusses vorzubereiten und auszuführen und den Provinzialverband nach aussen zu vertreten. Er ist der Vorgesetzte aller Provinzialbeamten.

Unter dem Landesdirektor arbeiten als höhere Kommunalbeamte Landesräte, denen einzelne Verwaltungszweige zugewiesen werden.

IV. Besonderheiten der Provinzialverwaltung in einzelnen Provinzen.

1. In Hannover führt das Landesdirektorium die Kommunalverwaltung.

2. Die beiden Regierungsbezirke von Hessen-Nassau, Wiesbaden und Kassel, bilden je einen besonderen Kommunalverband.

3. Die hohenzollernschen Lande bilden einen besonderen Landeskommunalverband.

4. In Posen wird der Provinziallandtag von den drei Ständen, d. h. Ritterschaft (Rittergutsbesitzer), Städte, Landgemeinden, beschickt. Der Minister des Innern hat die Mitglieder des Provinzialausschusses zu bestätigen.

3. Kapitel.

Die innere Verwaltung.

§ 33. Die allgemeine Landesverwaltung umfaßt die gesamte innere Verwaltung und betätigt sich in der Sorge für das physische, geistige, wirtschaftliche Leben.

Gesetz über die allgemeine Landesverwaltung vom 30. Juli 1883; Gesetz über die Zuständigkeit der Verwaltungs- und Verwaltungsgerichtsbehörden vom 1. August 1883; Gesetz, betr. die Verfassung der Verwaltungsgerichte und das Verwaltungsstreitverfahren vom 2. August 1880; Gesetz über die allgemeine Landesverwaltung und die Zuständigkeit der Verwaltungs- und Verwaltungsgerichtsbehörden in der Provinz Posen vom 19. Mai 1889.

I. Die Verwaltung in bezug auf das physische Leben betätigt sich als Populationistik, Pflegschaftswesen, Gesundheitswesen, Polizeiwesen.

1. Gegenstand der Populationistik (Bevölkerungswesen) sind Volkszählung, Berufszählung, Einwanderung, Auswanderung, Paß- und Fremdenwesen, Freizügigkeit, Heimatrecht, Gemeindeangehörigkeit, Unterstützungswohnsitz.

2. Das Gesundheitswesen ist Sanitätswesen und Medizinalwesen.

a) Das Sanitätswesen oder die Sanitätspolizei bezweckt den Schutz der Gesunden.

Die Seuchenpolizei sucht die Gefahren der ansteckenden Krankheiten zu verhüten, z. B. Pest, Blattern, Cholera, Syphilis, Typhus, Ruhr. – Insbesondere ist die Zwangsimpfung gegen die Pockengefahr reichsgesetzlich vorgeschrieben.

Die Gesundheitspolizei sorgt für das Vorhandensein gesunder Lebensbedingungen, z. B. gesunde Wohnung und Strassen, Bekämpfung der Quacksalber, Regelung des Giftverkaufes, Anordnungen über Begräbnisse, Bekämpfung der Unmässigkeit und Völlerei.

Die Gesundheitspflege will schädigende Einflüsse, insbesondere auf sozialem Gebiete, abwenden, z. B. Verbot der Arbeit der schwangeren Frau, Überwachung der Arbeitsräume, Bewachung der Dampfkessel.

b) Die Medizinalpolizei beschäftigt sich mit der Fürsorge für die Heilung der Kranken.

Dieses Ziel wird erstrebt:

α) durch Sorge für ein geeignetes Heilpersonal, z. B. Ärzte, Apotheker, Hebammen, Heildiener, Masseusen;

β) durch Beaufsichtigung der Heilanstalten, z. B. Hospitäler, Irrenanstalten, Gebäranstalten, Brunnen, Bäder.

Die Heilkunde ist im Deutschen Reiche frei, kann also auch ohne den Nachweis der Befähigung (Approbation) betrieben werden (Kurpfuschfreiheit); vgl. OVG **28** 321; dagegen berechtigt nur die Approbation (nicht die Ausübung des Heilgewerbes) zur Befreiung von der Gewerbesteuer, zum Berufsgeheimnis, ev. zu einem besonderen Berufsrecht.

Die Bezeichnung Arzt, Wundarzt, Geburtshelfer u. ä. darf nur führen wer eine Approbation erlangt hat, Gw 29. In bezug auf die strafrechtliche Verfolgung der Verwendung arztähnlicher Titel überhaupt und die Zulassung ausländischer Bezeichnungen dieser Art schwankt die Praxis. Massgebend muss sein, dass die Strafbestimmung das Publikum gegen eine Irreführung schützen soll. Die Bezeichnung Zahnklinik, Wundklinik, amerikanischer Zahnart, zahnärztliches Institut enthält einen „ähnlichen Titel" im Sinne von Gw 29; Strafbestimmung Gw 147, Nr 3.

Das Honorar der Ärzte unterliegt freier Festsetzung; zu beachten ist, dass es sich nicht um einen Lohn für geleistete Arbeit (merces), sondern um einen Ehrensold (honorarium) handelt. Die auf Grund von Gw 80 erlassenen Gebührenordnungen (in Preussen: GebO vom 15. Mai 1896) geben nur Minimal- und Maximalsätze an.

Standesvertretungen der Ärzte sind die Ärztekammern in Preussen auf Grund der Verordnung vom 25. Mai 1887, zuletzt abgeändert am 23. Januar 1899. Sie haben alle den ärztlichen Beruf und die öffentliche Gesundheitspflege betreffenden Fragen zu erörtern und das ärztliche Standesinteresse wahrzunehmen. Für jede Provinz besteht eine Ärztekammer. Aus sämtlichen Ärztekammern wird je ein Mitglied in den Ärztekammerausschuss in Berlin delegiert.

Die Ehrengerichtsbarkeit über Ärzte wird in Preussen durch ärztliche Ehrengerichte ausgeübt, vgl. Gesetz vom 25. November 1899 und vom 27. Juli 1904. Erste Instanz eines jeden Kammerbezirkes (Provinz) bildet das ärztliche Ehrengericht, bestehend aus dem Kammervorsitzenden als Vorsitzendem, drei Mitgliedern der Ärztekammer und einem vom Kammervorstande auf 6 Jahre ernannten richterlichen Mitgliede. Zweite Instanz ist der ärztliche Ehrengerichtshof in Berlin; den Vorsitz führt der Leiter der Medizinalabteilung des Kultusministeriums, Beisitzer sind 4 Mitglieder des Ärztekammerausschusses und 2 vom König ernannte Ärzte. Strafen sind Warnung, Verweis, Geldstrafe bis 3000 Mk., Entziehung des aktiven und passiven Kammerwahlrechtes auf Zeit oder dauernd.

Für die Klage auf Entziehung der Approbation ist der Bezirksausschuss zuständig.

II. Die Unterrichtsverwaltung leitet der Kultusminister; ihm sind die Universitäten unmittelbar unterstellt.

1. Der Unterricht der Schulen wird von verschiedenen Instanzen kontrolliert, je nachdem es sich um höhere oder niedere Schulen handelt.

a) Dem Provinzialschulkollegium unterstehen die höheren Schulen (Gymnasien, Realgymnasien, Oberrealschulen. ferner die höheren Mädchenschulen gemäss AE. vom 15. August 1908), die Lehrerseminare, die Blinden und Taubstummenanstalten.

Dem Provinzialschulkollegium in Berlin sind die höheren und die niederen Schulen unterstellt.

b) Unter der Abteilung für Kirchen und Schulen bei der Bezirksregierung stehen die Elementarschulen, die Bürgerschulen, die Privatschulen.

Man unterscheidet folgende Arten der öffentlichen Volksschulen:

α) kirchliche: die Schule ist Annex der Kirche und steht unter ihrer Leitung, Religionsunterricht ist der Hauptgegenstand, der Unterricht wird konfessionell-kirchlich zugestutzt;

β) konfessionelle: die Schule ist Staatsschule, der Religionsunterricht wird nur in einer bestimmten Religion erteilt, welcher auch die Lehrer angehören; Religion ist einer der Hauptgegenstände des Unterrichts;

γ) paritätische oder Simultanschule: der Religionsunterricht wird in den verschiedenen Konfessionen erteilt, die Lehrer werden nicht nach Konfessionen ausgewählt;

δ) konfessionslose: es findet kein Religionsunterricht statt, auf die Konfession der Lehrer wird keine Rücksicht genommen. —

c) Das Volksschulunterhaltungsgesetz vom 28. Juli 1906 unterscheidet:

α) In den Gemeinden werden die Schullasten nach der Kommunalabgabenlast als Gemeindelast aufgebracht.

β) Im Gutsbezirke hat der Gutsbesitzer die Schullast zu tragen.

γ) In Gesamtschulverbänden erfolgt die Verteilung der Lasten auf die Verbandsgemeinden und -gutsbezirke.

Gemäss § 33 werden evangelische Kinder in der Regel von evangelischen Lehrern, katholische von katholischen Lehrern unterrichtet (konfessionelle Volksschule).

2. Unterricht zu erteilen und Unterrichtsanstalten zu gründen und zu leiten, steht nach V 22 jedem frei, der seine sittliche, wissenschaftliche und technische Befähigung der zuständigen Staatsbehörde nachgewiesen hat.

a) Die Genehmigung für Privatunterrichts- und Erziehungsanstalten, für gewerbsmässige Hauslehrer, Erzieher, Privatlehrer und -lehrerinnen wird durch die Regierung auf Widerruf erteilt. Die Erteilung der Genehmigung wird im Regierungsblatt bekanntgegeben. Gegen den unbefugt Unterrichtenden schreitet die Unterrichtsbehörde, nicht die Polizei, ein.

b) Die Vorschriften über Genehmigung beziehen sich nur auf den Unterricht der Jugend, nicht auf den Unterricht, der Erwachsenen erteilt wird, z. B. dramatischer, Gesangsunterricht, Rhetorik, juristische, medizinische usw. Repetitorien. Erteilen jedoch Beamte Unterricht, z. B. Repetitorien der Richter, Assessoren, Referendare, so haben sie die widerrufliche Genehmigung der vorgesetzten Behörde einzuholen.

3. Die Vorschriften der Gw finden nur auf Tanz-, Turn-, Schwimmunterricht, nicht auf sonstigen Unterricht Anwendung.

III. Die Verwaltung des Handels für Preußen geschieht durch das Handelsministerium.

1. Handelskammern sind Standesvertretungen der Handels- und Gewerbetreibenden sowie der Industriellen zur Wahrnehmung ihrer Interessen.

2. Handwerkskammern sind die Standesvertretungen der Handwerker.

IV. Die Verwaltungsbehörden sind befugt, die Durchführung ihrer Befehle, Urteile, Beschlüsse zu erzwingen; daher: Zwangsbefugnisse, Exekutivpersonal, ev. militärische Hilfe.

1. Erzwingung einer Geldleistung: Zwangsvollstreckung in das bewegliche Vermögen durch die Verwaltungsbehörde, — ev. Zwangsvollstreckung in das unbewegliche Vermögen durch die Gerichte; Kgl. Verordnungen vom 7. September 1879 und 15. November 1899.

2. Erzwingung einer vertretbaren Handlung: Vornahme der Handlung auf Kosten des Verpflichteten und Beitreibung des bestimmten Betrages (wie zu 1).

3. Durchsetzung einer nicht vertretbaren Handlung oder einer Unterlassung: schriftliche Androhung von Geldstrafe und gleichzeitige Bestimmung einer Frist zur Ausführung der Handlung, — bei Zuwiderhandlung: Festsetzung und Beitreibung.

Die Strafandrohung ist nicht zulässig, wenn auf die Handlung durch Gesetz oder Rechtsverordnung bereits eine Strafandrohung gesetzt ist.

Das Maximum der Geldstrafe ist beschränkt:

beim Gemeinde- (Guts-) Vorsteher . .	bis	5 Mk.
bei der Ortspolizei (städt. Gemeindevorstand).	„	60 „
in Stadtkreisen	„	150 „
beim Landrate	„	150 „
Regierungspräsidenten	„	300 „

Substitution durch Haft: S 28, 29.

Ultima ratio ist physischer Zwang, um die Anordnung durchzusetzen: Festnahme der Person, Eingriff in das Vermögen, ev. Waffengewalt.

§ 34. Die Organisation der Polizei untersteht in der ganzen Monarchie dem Ministerium des Innern, soweit es sich um Polizei im allgemeinen handelt.

Der Begriff Polizei umfaßte ursprünglich die gesamte innere Verwaltung; man unterschied hierbei eine negative und eine positive Seite. Nach dem Vorgange von ALR II 17 § 10 (siehe w. u. unter II A) und ständiger Rechtsprechung des RG, OVG, KG stellt man der Polizei die Pflege (Wohlfahrtspflege) gegenüber.

1. Polizei (negative Seite der inneren Verwaltung) bezweckt Schutz des einzelnen gegen Naturereignisse und gegen Rechtsverletzungen (Sicherheitspolizei); ein Einschreiten der Polizeibehörde ist stets zulässig.

2. Pflege (positive Seite der inneren Verwaltung) bezweckt Förderung der Entwickelung und des Erwerbes des einzelnen (Wohlfahrtspolizei); ein Einschreiten der Polizeibehörde ist nur dann zulässig, wenn (über ALR II 17 § 10 hinaus) besondere Gesetze es zulassen (herrschende Ansicht: — dagegen Rosin).

Zentralbehörde für die allgemeine Polizei ist der Minister des Innern.

Dagegen unterstehen: dem Kultusminister die Gesundheitspolizei; — dem Handelsminister die Berg-, Hafen-, Schiffahrts-, Gewerbepolizei; dem Landwirtschaftsminister die Landwirtschafts-, Forst-, Jagd-, Fischerei-, Veterinärpolizei: — dem Eisenbahnminister die Eisenbahn-, Bau-, Wegepolizei.

I. Landespolizei ist (im Gegensatz zur Ortspolizei) die höhere Polizei; Landespolizeibehörde ist der Regierungspräsident.

Polizeibeamte für den Sicherheitsdienst sind besoldete, vom Staate angestellte Gendarmen und Schutzmänner oder von den Kommunen angestellte Gemeindepolizeibeamte.

II. Polizeiverordnungen sind Vorschriften, die eine Strafandrohung für den Fall der Zuwiderhandlung enthalten; sie werden in der für sie vorgeschriebenen Form bekanntgegeben.

Das Recht, Polizeiverordnungen zu erlassen, steht zu:

1. dem Minister, soweit die Gesetze auf Polizeivorschriften der Zentralbehörden verweisen, mit Strafandrohung bis 100 Mark;

2. dem Regierungspräsidenten (Oberpräsidenten) unter Zustimmung des Bezirksausschusses (Provinzialrates) bis 60 Mark; in dringenden Fällen auch ohne Zustimmung, diese ist jedoch binnen drei Monaten nachzuholen;

3. dem Landrat mit Zustimmung des Kreisausschusses bis 30 Mark;

4. der Ortspolizeibehörde bis 9 Mark, bei Zustimmung des Regierungspräsidenten und in Stadtkreisen bis 30 Mark. —

5. In Städten mit königlicher Polizei ist zu unterscheiden:

a) Sicherheitspolizeiverordnungen können ohne Zustimmung der Gemeindebehörden erlassen werden;

b) andere Polizeiverordnungen, z. B. Bau-, Strassenpolizeiverordnungen bedürfen der Zustimmung des Magistrats (bei Versagung: Ergänzung durch Bezirksausschuss, in Berlin durch den Oberpräsidenten).

Über die Erlassung, die Form und die Außerkraftsetzung der Polizeiverordnungen ist folgendes zu bemerken.

A. Die Befugnis der Behörden zum Erlasse von Polizeiverordnungen erstreckt sich auf das gesamte Ressort der Behörde, und zwar auf Grund von ALR II 17 § 10: Die nötigen Anstalten zur Erhaltung der öffentlichen Ruhe, Sicherheit und Ordnung und zur Abwendung der dem Publikum oder einzelnen Mitgliedern desselben bevorstehenden Gefahr zu treffen, das ist das Amt der Polizei — Die ständige Praxis des OVG und des KG hält daher die Polizei (von besonderer gesetzlicher Ermächtigung abgesehen) nicht für befugt, Verordnungen wegen ästhetischer Interessen zu erlassen — Gesetz über die Polizeiverwaltung vom 11. März 1850; Kgl. Verordnung vom 20. September 1867 (Einführung des G. v. 11. 3 50 in den neuen Provinzen); — Gesetz über die allgemeine Landesverwaltung vom 30. Juli 1883.

B. Form der Erlassung von Polizeiverordnungen:

1. Für Minister, Oberpräsidenten, Regierungspräsidenten gilt in gleicher Weise:

a) die Vorschrift muss als „Polizeiverordnung" bezeichnet werden;

b) sie muss die sedes materiae, auf welche sie sich stützt, ausdrücklich und genau bezeichnen;

c) sie muss die erfolgte Zustimmung oder Anhörung der Selbstverwaltungskörper ausdrücklich anführen:

d) sie muss im Amtsblatte der betr. Behörde (und zwar im amtlichen Teile) gehörig publiziert werden; Inkrafttreten mit dem 8. Tage nach Ausgabe des Amtsblattes.

2. Der Regierungspräsident bestimmt für die ihm nachgeordneten Instanzen seines Bezirkes, in welcher Art und Form die Polizeiverordnungen zu publizieren sind.

Fehlt eines dieser Erfordernisse, dann ist die Polizeiverordnung nichtig.

C. Polizeiverordnungen werden ausser Kraft gesetzt:

1. durch den zuständigen Minister (ohne weiteres);

2. durch die Regierungs- (nicht: Ober-) Präsidenten bzl. der eigenen Verordnungen und derjenigen aller nachgeordneten Organe.

Form der Ausserkraftsetzung: wie die der Publikation.

D. Kontrolle des Polizeiverordnungsrechtes:

1. durch die vorgesetzte Behörde in bezug auf Rechtsgültigkeit und Zweckmässigkeit;

2. durch die Verwaltungsgerichte in bezug auf Rechtsgültigkeit;

3. durch die ordentlichen Gerichte in bezug auf die Rechtsgültigkeit und gehörige Publikation (nicht in bezug auf Zweckmässigkeit).

III. Die Polizeiverfügung betrifft nur den einzelnen, an den sie sich richtet; sie hat daher einen konkreten Inhalt.

Voraussetzung der Rechtsverbindlichkeit der Verfügung ist: 1. dass sie von der zuständigen Behörde erlassen ist; — 2. dass sie dem geltenden Rechte entspricht; — 3. dass sie dem Adressaten mitgeteilt wird (in der Regel schriftlich).

Greift eine Verfügung in die Rechte oder Interessen des einzelnen ein, so findet Beschlussverfahren (w. u. Seite 32) statt. —

Konzession ist eine öffentlich-rechtiche Verfügung, welche eine Person ermächtigt, Handlungen vorzunehmen, die ohne behördliche Erlaubnis nicht vorgenommen werden dürften (z B. Betrieb einer Apotheke); — muss die Erlaubnis beim Nachweise einer bestimmten Befähigung stets erteilt werden, so heisst sie Approbation (z. B. bei Ärzten). —

A. Gegen die polizeilichen Verfügungen ist folgender Weg gegeben:

1. gegen Ortspolizei auf dem Lande (Amtsvorsteher, Distriktskommissar, Bürgermeister der nicht kreisfreien Städte): entweder Beschwerde an den Landrat (weitere Beschwerde an den Regierungspräsidenten, Klage beim OVG) oder sogleich Klage beim Kreisausschuss, dann: Bezirksausschuss, endlich: OVG;

2. gegen Bürgermeister von Stadtkreisen und gegen Landräte: Beschwerde beim Regierungspräsidenten (weitere Beschwerde beim Oberpräsidenten, Klage beim OVG) oder sogleich Klage beim Bezirksausschuss, dann: OVG;

3. gegen den Polizeipräsidenten in Berlin: Beschwerde beim Oberpräsidenten, Klage beim OVG;

4. gegen Regierungspräsidenten: Beschwerde beim Oberpräsidenten, Klage beim OVG;

5. gegen Oberpräsidenten: Beschwerde beim Minister, Klage beim OVG;

6. gegen Minister: Klage beim OVG.

In allen Fällen kann die Klage beim OVG auf Rechtsverletzung gestützt werden sowie darauf, dass die tatsächlichen Voraussetzungen fehlen.

B. Gesetz über die Zulässigkeit des Rechtsweges in bezug auf polizeiliche Verfügungen vom 11. Mai 1842:

1. Rechtsweg auf Entschädigung, wenn eine solche wegen des polizeilichen Eingriffes verlangt werden kann (Aufopferung der Rechte des einzelnen im Interesse der Allgemeinheit);

2. behauptet der von einer Verfügung Betroffene, dass einem anderen diese Verpflichtung (z. B. Reinigung von Privatflüssen, Band **23**) obliege, so streiten beide im Rechtswege gegeneinander;

3. Haftpflicht der Beamten wegen gesetzwidriger oder unzulässiger Verfügung: Band **2**.

IV. Einzelne Fälle:

1. Strassenreinigungspflicht liegt den Gemeinden ob; sie kann nicht etwa den Grundeigentümern durch Polizeiverordnung auferlegt werden. Eine solche Polizeiverordnung wäre nur zulässig, wenn sie ihre Stütze findet: a) in einem Spezialgesetze (bisher nicht ergangen); — b) in einem Ortsstatut (siehe w. o. Seite 20); — c) in einer Observanz (lange Zeit, Überzeugung von der Rechtspflicht zur Strassenreinigung).

2 Baupolizei: a) Einholung der Bauerlaubnis (Erklärung der Baupolizei, dass kein öffentlich-rechtliches Hindernis besteht), gewöhnlich schriftlich zu erteilen; sie berührt Rechte Dritter nicht. — b) Besondere Baubedingungen stellt die Behörde, jedoch nur, soweit das öffentliche Recht hierzu eine Handhabe gibt; gegen diese Verfügungen: Verwaltungsweg. — c) Versagung der Bauerlaubnis kann mit Klage angegriffen werden.

§ 35. Die Finanzen werden in Preußen alljährlich (für die Zeit vom 1. April bis zum 31. März) durch den Etat, eine Anlage des Etatsgesetzes, geordnet, V 99. Die hierbei anzuwendenden Grundsätze sind durch das Komptabilitätsgesetz (Staatshaushaltsgesetz vom 11. Mai 1898) festgesetzt worden, und zwar: über Einrichtung des Voranschlages, seine Handhabung und die Rechnungslegung.

I. Staatsgüter (Domänen) siehe Band 22 9; Forsten: Band 27 13; Regalien: Band 27 14.

II Steuern im allgemeinen: Band 27 22.

1. Einkommensteuer auf Grund des Gesetzes vom 24. Juni 1891, abgeändert: 19. Juni 1906.

Die Steuerpflicht beginnt bei mehr als 900 M. Einkommen; Veranlagung alljährlich nach Steuerstufen; jeder Zensit, der aufgefordert wird oder bereits mit mehr als 3000 M. Einkommen veranlagt ist, muss sein Einkommen angeben (Steuererklärung). — Zunächst: Voreinschätzung; sodann: Veranlagung (Kommission). — Rechtsmittel: bis 3000 M. Einspruch an die Kommission und gegen sie: Berufung an die Berufungskommission (Regierungsbezirk); — über 3000 Mk.: Berufung an die Berufungskommission und gegen sie (nur bei Gesetzesverletzung) Beschwerde beim OVG (Steuersenat).

2. Ergänzungssteuer auf Grund des Gesetzes vom 14. Juli 1893, abgeändert: 19. Juni 1906; sie ergreift die Vermögen über 6000 M. — Es besteht kein Deklarationszwang.

Vermögen bis 20000 Mk. bleiben frei, wenn sie kein Einkommen über 900 Mk. gewähren oder (bis 1200 Mk. Einkommen) vaterlosen Minderjährigen oder unterhaltsverpflichteten Frauen gehören.

III. Staatssteuern, deren Hebung den Gemeinden überlassen ist (seit dem 1. April 1895), sind:

1. Die Grundsteuer von den Liegenschaften und die Gebäudesteuer, Gesetze vom 21. Mai 1861.

2. Gewerbesteuer, Gesetz vom 24. Juni 1891 (stehendes Gewerbe, Veranlagung in vier Klassen).

Wandergewerbesteuer, Gesetz vom 3. Juli 1876.

§ 36. Die Verwaltungsgerichtsbarkeit. I. Die Verwaltungsgerichtsbarkeit kann in zwei Formen stattfinden: als Beschlußverfahren oder als Verwaltungsstreitverfahren.

1. Im Beschlußverfahren entscheiden Kreis- oder Stadtausschuß, Bezirksausschuß, Provinzialrat.

2. Im Verwaltungsstreitverfahren entscheiden der Kreis- oder Stadtausschuß, der Bezirksausschuß und als höchste Instanz das Oberverwaltungsgericht.

Das OVG (Verwaltungsgerichtsgesetz vom 2. August 1880) besteht aus einem Präsidenten, Senatspräsidenten und Räten (halb Richter, halb höheres Verwaltungsamt, — Mindestalter: 30 Jahre); Ernennung durch den König (auf Vorschlag des Staatsministeriums). — Disziplin durch das Plenum des OVG. — Einteilung in Senate (ungerade Besetzung, mindestens fünf Mitglieder). — Einheitlichkeit der Rechtsprechung auf Grund von Plenarentscheidungen, welche herbeizuführen sind, wenn ein Senat von einem anderen abweichen will; vorher ist den Kommissarien der Ressortminister Gelegenheit zu schriftlicher Äusserung zu geben. — Besondere Steuersenate; Disziplinarsenat (Gesetze vom 8. Mai 1889 und 26. März 1893).

II. Das Beschlußverfahren ist die Erledigung wichtigerer Geschäfte durch ein Laienkollegium.

1. Die Entscheidung kann vom Vorsitzenden allein oder vom Kollegium gefällt werden.

Der Vorsitzende allein ist zur Entscheidung befugt, wenn ein Aufschub nicht möglich ist oder bei Einfachheit des Falles, wenn eine Entscheidung des Kollegiums nicht ausdrücklich im Gesetze vorgeschrieben ist (hiergegen: Beschwerde binnen zwei Wochen mit Suspensiveffekt). — Nach dem Ermessen der Behörde kann auch mündliche Verhandlung und Beweisaufnahme erfolgen.

2. Endgültige Beschlüsse im Beschlußverfahren können wegen Kompetenzüberschreitung oder Ungesetzlichkeit vom Vorsitzenden beim Oberverwaltungsgerichte durch die Verwaltungsklage angefochten werden.

Bei nicht endgültigen Beschlüssen ist die Beschwerde gegeben.

III. Das Verwaltungsstreitverfahren ist ein dem Zivilprozesse nachgebildetes Verfahren vor unabhängigen Verwaltungsorganen, und zwar grundsätzlich bei Streitsachen über öffentlich-rechtliche Ansprüche und Verbindlichkeiten, deren Entscheidung nicht hauptsächlich auf Zweckmäßigkeitsgründen beruht, und bei denen die Entscheidung nicht unter Vorbehalt des Rechtsweges ergeht, sowie ferner bei Streitigkeiten um die Aufrechterhaltung der öffentlichen Ordnung.

Gesetzliche Regelung: Gesetz über die allgemeine Landesverwaltung vom 30. Juli 1883; — Gesetz über die Zuständigkeit der Verwaltungs- und Verwaltungsgerichtsbehörden vom 1. August 1883.

1. Das Verwaltungsstreitverfahren kann in gewissen Fällen durch Bescheid (ohne Verhandlung) erledigt werden; in allen anderen Fällen erfolgt mündliche Verhandlung mit freier Beweiswürdigung.

a) Die Fälle des Bescheides a limine sind:

α) die Zurückweisung unzulässiger oder unbegründeter Klagen;

β) bei einem anscheinend begründeten Anspruche wird dem Beklagten aufgegeben, den Kläger klaglos zu stellen.

b) Die Parteien können auf Termin verzichten und Entscheidung nach Lage der Akten verlangen.

2. Es besteht ein Instanzenzug.

a) Gegen erstinstanzliche, nicht endgültige Entscheidungen ist Berufung an den Bezirksausschuss bzw. (wenn der Bezirksausschuss erste Instanz war) an das Oberverwaltungsgericht gegeben.

b) Gegen zweitinstanzliche, nicht endgültige Endurteile des Bezirksausschusses, die auf einer Rechtsverletzung oder einem Mangel des Verfahrens beruhen, ist die Revision an das Oberverwaltungsgericht gegeben.

Die Anmeldung und die Rechtfertigung der Rechtsmittel hat bei dem iudex a quo zu erfolgen.

FSC
www.fsc.org
MIX
Papier | Fördert
gute Waldnutzung
FSC® C083411

Kolibri 360 GmbH
Ferdinand-Jühlke-Straße 7
99095 Erfurt, Deutschland
produktsicherheit@kolibri360.de